摆脱"大日本主义"

[日] 鸠山由纪夫 著

邱鸣 津田量 译

人民日报出版社
北京

图书在版编目（CIP）数据

摆脱"大日本主义" /（日）鸠山由纪夫著；邱鸣，
津田量译 .-- 北京：人民日报出版社，2020.6
　ISBN 978-7-5115-6414-6

Ⅰ. ①摆… Ⅱ. ①鸠… ②邱… ③津… Ⅲ. ①对外政策－研究－
日本－现代 Ⅳ. ① D831.30

中国版本图书馆 CIP 数据核字（2020）第 093442 号

DATSU DAINIHONSHUGI"SEIJUKU NO JIDAI"NO KUNI NO KATATI by
HATOYAMA Yukio
©HATOYAMA Yukio 2017
All rights reserved.
Originally published in Japan by HEIBONSHA LIMITED, PUBLISHERS, Tokyo
Chinese (in Simplified Character only) translation rights arranged witn
HEIBONSHA LIMITED, PUBLISHERS,Japan through Tuttle-Mori Agency,
Inc., and FUTURE VIEW TECHNOLOGY LTD.

著作权合同登记 图字 01-2019-3361

书　　名：	摆脱"大日本主义" BAITUO "DA RIBEN ZHUYI"
作　　者：	（日）鸠山由纪夫
译　　者：	邱　鸣　津田量
出 版 人：	刘华新
责任编辑：	林　薇
装帧设计：	观止堂＿未氓
版式设计：	格律图文
出版发行：	人民日报出版社
社　　址：	北京金台西路 2 号
邮政编码：	100733
发行热线：	（010）65369509　65369527　65369846　65363528
邮购热线：	（010）65369530　65363527
编辑热线：	（010）65369526
网　　址：	www.peopledailypress.com
经　　销：	新华书店
印　　刷：	北京中科印刷有限公司
开　　本：	880mm×1230mm　1/32
字　　数：	180 千字
印　　张：	9.5
印　　次：	2020 年 8 月第 1 版　2020 年 8 月第 1 次印刷
书　　号：	ISBN 978-7-5115-6414-6
定　　价：	46.00 元

作者近照

目 录

中文版序 001
前言 022

第一章 "大日本主义"的幻想——全球化与日本政治

"友爱"的现代意义 033

民族主义与民粹主义的急剧扩张期 036

"自主"与"共存" 038

修改安保条约的意义 042

冷战后的日本政治 045

安保条约的演变 047

亲美保守路线的结局 049

《年度改革建议》与《阿米蒂奇报告》 050

另有打算的"另立门户计划" 051

鸠山内阁的失败 053

亲美保守派的倒阁运动 055

日美联合委员会的弊端 057

TPP 登场的意义 058

美国大选中选民的背叛 061

区域一体化与主权国家 062

大国不喜欢多边主义	064
与两种全球化相抗衡的力量	065
TPP 的受挫	068
对 RCEP 的期待	070
东亚共同体构想的再度登场	071
安倍政权围堵中国并非明智之举	073
日本不可再犹豫彷徨	076

第二章 走向自立与共存的道路——摆脱同美国的主从关系

虚妄的"安保免费乘车论"	081
"无常驻安保"理论的源流	085
外务省对于日本自立的期待	089
中国真的是威胁吗	092
美国不愿介入钓鱼岛争端	094
如何看待"中国进军远洋"	096
何谓朝核威胁	099
拥核自立论行不通	102
不可能改变专守防卫的国策	105
中国的崛起即亚洲的崛起	107

中等规模国家的烦恼　　　　　　　　　　108

日美同盟强化论的陷阱　　　　　　　　　110

"价值观外交"绝不可取　　　　　　　　112

冲绳基地问题是亲美保守路线的阴暗面　　114

对琉球民族倾向的包容　　　　　　　　　116

跟风支持对伊拉克动武　　　　　　　　　118

切勿深度介入中东乱局　　　　　　　　　121

能否摆脱"大日本主义"　　　　　　　　124

如何面对中华文明复兴　　　　　　　　　127

威慑力的陷阱　　　　　　　　　　　　　128

贯彻防卫性战略的决心　　　　　　　　　131

美国宣布退出TPP不亚于尼克松冲击　　　133

对日美同盟过度地期待与依赖　　　　　　134

通过友好共存实现国家自主　　　　　　　136

**第三章　后增长时代的国家形态——
从增长战略迈向成熟战略**

无法实现的"大日本主义"梦想　　　　　141

从增长时代迈向成熟时代　　　　　　　　142

历任内阁的经济增长战略	145
以人为本的经济社会	146
民主党政府的人性化转变	152
社会阶层分化的应对方针	156
安倍经济学的不合理性	158
经济增长的目的何在	161
急速扩大的阶层分化	163
成熟国家的使命	166
成熟战略的基本原则	170
推进东亚区域经济合作	172
致力于建设公正社会	174
重视国家的团结	178
须慎重解禁外国非技术劳动力	181
反对英语成为官方语言	184
成熟国家的时代精神	188

第四章　摆脱"大日本主义"

对日本民族主义解禁路线的忧虑	191
区域联合不失为一剂良药	195

不追求成为常任理事国	196
放弃核能发电	202
致力于建设东亚共同体	209
实现自主与共存的决心	213

外一章　解读"尴尬共存"的时代

永远无法成为政治大国	222
提升作为中等实力国家的影响力	224
尴尬的共存与东亚共同体构想	226
友爱的实践	230

附录　鸠山由纪夫与前驻华大使丹羽对话实录	232
鸠山由纪夫与亚投行行长金立群对话实录	274
译后记	288

中文版序

鸠山由纪夫

拙著《摆脱"大日本主义"》的中译本得以出版,深感欣慰并由衷感谢。我一直期望中国读者能够阅读此书,它的中文版的问世使我心愿得偿。

之所以说期盼中国读者看到这本书,是因为一个时期以来日中两国关系不那么乐观,主要原因在日方。在这样的背景下,我相信本书可以为日本指明前进的方向,也能揭示日中关系崭新而又光明的未来。不过,日中两国间的问题并非本书的主要内容,因此,我想在此着重谈一谈日中关系。

自古以来,日本在物质和精神两方面都深受中国的影响。日本民族擅长吸收其他国家的文化,并将其完美地融合到本国文化中。汉字是中国馈赠给日本的瑰宝。日本引入了汉字,并将其发展为汉字假名混用文。我一直认为汉字假名混用文即便放眼世界文字体系,也堪称是最优秀的文字。此外，在律令制度、城市规划、宗教、文化等各方面，日本都向中国学到了很多东西，遣隋使、遣唐使等成功地将中国的制度和文化带到了日本。在那段久远的交往历史中，两国基本保持着良好的双边关系。

这里讲一段体现日中之间互惠关系的小插曲。在中国唐代的珍贵典籍中，有一本名为《群书治要》的书。该书汇集了唐以前的圣贤先哲论述治国理政的文章，包括《论语》在内，都是时至今日仍然适用的至理名言，被誉为治国之人的必读书籍，听说习近平主席也熟读过这本书。其实《群书治要》在中国早已失传，但由于日本的金泽文库保存了这本书，中国读者得以再睹其真容。日中之间的紧密联系由此可见一斑。

但遗憾的是，明治维新之后日中两国的友好关系就中断了。日本在开国后倡导富国强兵、殖产兴业，主张与列强竞争以夺取殖民地，那是一个主张"大日本主义"的时代，脱亚论等错误思想也甚嚣尘上。当时清朝因为鸦片战争，国内局势混乱不堪，日本趁机挑起甲午战争[1]，通过签订《马关条约》[2]占领了辽东半岛、台湾及澎湖列岛。在那之后，日本的"大日本主义"愈演愈烈，对此心存恐惧的西方列强对日

---

[1] 日称"日清战争"。
[2] 日称《下关条约》。

本进行了经济制裁。但是日本从九一八事变[1]开始侵略中国，之后更是深陷太平洋战争的泥潭之中。

结局自不必说，日本战败。基于给中国以及广大亚洲人民造成了巨大的悲剧和苦痛的反省，日本在宪法中誓言绝不再以行使武力作为解决国际争端的手段。

然而遗憾的是，日本并没有进行战败总结。虽然盟军设置了东京国际军事法庭，处决和严惩了战犯，日本在东京审判之后签署了《旧金山和约》，但是日本自身一直没有做出战败的总结，因此至今仍不断有人否认东京审判的结果，否认南京大屠杀等事件，还有很多人不理解宪法的精神，宪法第九条明文规定放弃战争。将战败说成是终战，其实就是否认战败。所以，"大日本主义"在日本始终没有得到根绝。

当然，因为侵略扩张行为在战后受到遏制，"大日本主义"的表现形式早已发生了改变。首先，日本在国土防卫方面依赖于美国的军事力量，以成为经济大国为目标。随着经济的迅速繁荣，日本又开始打算在政治上发挥更大的作用。例如在联合国中，日本缴纳的会费仅次于美国，便想当然地希望成为安理会常任理事国。另外，由于拥有核武器就能够加入大国行列，自民党政府宣称要和平利用核能，并积极推进核能发电，以便有朝一日将核能转换为军事用途。事实

---

[1] 日称"满洲事变"。

上，在未得到周边国家理解的情况下，日本绝无可能加入安理会常任理事国。而且拥有核武器这一行为本身不但与国际潮流相悖，想要得到自己国民的理解也绝非易事。

但是，包括安倍政府在内，如今的日本政府都不会放弃成为大国的念头。2011年东日本大地震，造成福岛第一核电站发电机组故障，引发氢气爆炸，大量的放射性物质扩散到世界各地。即便如此，日本政府依旧继续推进核电站的重启工作，这当然是政客、官僚和企业互相勾结的结果，他们认为只要还保留核电站，随时都有可能将其转化为核武器。所以，无论如何都不能让核电站消失，迫不得已的日本政府只能不停地说谎。我的朋友众议院议员川内博史曾进入1号机组进行调查，查明福岛核电站1号机组内发生的氢气爆炸是地震导致部分管道产生了裂痕。然而日本政府却坚称是海啸造成核电站发电机组故障，从而引发事故，并非地震引发了事故，即主张海啸论而非地震论，因此只要加强海啸对策就可以了。另外，为了申办2020年东京奥运会及残奥会，安倍首相表示日本已完全控制了放射性物质。其实到目前为止，放射性物质仍未得到彻底控制，想必大家都心知肚明。

前自民党干事长石破茂被认为是未来首相的有力竞争者，他在演讲中虽然强调"日本不应当拥有核武器"，但同时也表示"日本应该掌握能够随时制造出核武器的技术"。他解释道，日本周边许多国家都拥有核武器，为了保护自己免受核武器威胁,日本有必要掌握核武器相关知识。"将日本变为能够随时制造核武器的国家"——这是长久以来存在于自民党政府骨髓中的思想。"大日本主义"就扎根于此。

所谓"大日本主义",即日本成为政治大国的捷径就是成为军事强国。日本政府企图在《日美安保条约》下依靠美国来保护自身安全,并实现军事强国的目标。二战结束后不久,美国极度排斥日本再次走向军事大国,所以禁止日本重建军备。但是,随着东西方冷战的开始和朝鲜战争的爆发,形势完全改变,美国也期待日本能够作为西方阵营的一员发挥作用,日本通过依附于美国进而谋求生存的道路由此开启。当时的日本政治家不是没有维护国家尊严的想法,依附于美国是为了实现独立而采取的权宜之策。日本试图加强与美国的合作,借助其力量恢复日本的经济实力,并实现成为政治、军事大国的目标。然而,随着时间的推移,在不知不觉中对美国顺从本身变成为日本外交的目的,在日本政治家的头脑里,维护国家尊严的意识也日渐淡薄。

诞生于朝鲜战争时期的日本自卫队现在不仅可以行使集体自卫权,还可以向海外派兵,但前提是仅限于协助美军。因为日本正处在美国的核保护伞之下,以冲绳为中心的驻日美军正在保护着日本——日本政府根本无法摆脱这种近乎错觉的想法。准确地说,日本政府情愿相信这种错觉,这已经无可救药。

最明显的例子莫过于日本政府对于美国发动的伊拉克战争所表现出的合作姿态。当布什政府借口伊拉克拥有大规模杀伤性武器而发动战争时，小泉政府在没有调查真相的情况下便草率决定支持美国，并向伊拉克派遣自卫队。事后证明伊拉克并不存在所谓的大规模杀伤性武器，布什总统以及支持美国使用武力并参与战争的英国首相布莱尔也为此道歉，但是日本政府不为参加错误的战争而道歉，认为支持、协助美国没有错。这件事情清楚地揭示了日本对于美国无原则的屈从。

对TPP（跨太平洋伙伴关系协定）的盲从也是依附于美国的结果。日本明确表示加入TPP，目的是与引领全球经济的美国同步，以便自己也能执全球经济的牛耳，展现其作为大国的存在感。日本一旦签署TPP，基本上会取消关税。虽然TPP会给汽车等一些跨国企业带来利益，但是对于农作物和畜牧产业会造成极为沉重的打击，原本全民享有的健康保险制度也将受到波及，到那时可能只有富人才能享受良好的医疗服务。而且最为关键的是，根据ISD条款，一个跨国公司可以起诉对其有所限制的一国政府，如果跨国公司在特别法庭上胜诉，该国政府必须向其支付巨额赔偿金。尽管美国的跨国公司在TPP中占据绝对优势，安倍政府仍然顺应美国意愿，在没有告知国民实情的情况下，于2016年签署了TPP协议。

后来的事情始料未及，美国政府对TPP的态度发生了戏剧性的转变，特朗普总统表示说尽管TPP对跨国公司有利，对美国的国内产业并无益处，所以决定退出TPP。这对安倍首相来说，无异于晴天霹雳。虽然日本方面表示在美国退出的情况下TPP内部已经就主要事项达成了一致，但是加拿大仍有异议。事实上，没有美国的TPP几乎没有任何意义，因此这一努力是徒劳的。由于美国180度的转向，从属于美国的日本被彻底地愚弄了一把。

由此可见，企图依赖美国进入大国行列的"大日本主义"并不能维护日本的国家利益，反而在政治、经济上常常引发损害日本国家利益的现象。

从属于美国的结果，一方面产生了自卑感，另一方面却助长了日本所谓的优越感，即与中国和韩国等邻国相比，日本是更优秀的民族。战后的日本在亚洲各国中率先取得了经济的快速增长，进一步强化了其优越感。此外，对于美国所敌视或对抗的国家，日本也会被动地敌视或对抗它们。还有，由于历史原因，中国人对日本存有厌恶感，这反过来又加重了日本人对中国的厌恶情绪。近些年中国经济得到迅猛发展，日本对中国的羡慕之情有所增加，自卑感和优越感交织在一起，形成了对中国的复杂情感。"中国威胁论"就在这样的背景下浮出水面。

关于"中国威胁论"，我在书中已有详细论述，在此只简单提一下。如果说日本感受到来自中国的威胁的话，那是因为中国开发了核武器，但是由于1972年日中邦交实现正常化，这一威胁几乎消失了。近年来，"中国威胁论"集中表现在三方面：中国军费急剧增加、围绕钓鱼岛[1]的争端、中国的海洋扩张。军费的急剧增长是经济增长的必然结果，而且日本的军费占GDP比例的1%，中国是1.3%，差别并不大。钓鱼岛问题在日中邦交正常化时期被搁置起来，直至野田政府将其国有化，引起两国争端。美国并不希望日中两国在钓鱼岛问题上发生冲突，中国也不可能做出夺取钓鱼岛的举动，再次将其搁置是个不错的选择。关于中国的海洋扩张问题，中美虽然表面上剑拔弩张，实际却进行了战略对话。在南海的领土问题上，当事者之间正在积极磋商，力求达成《南海行为准则》，因此战败后不再掌控南海的日本无须对此担忧，更不应该派遣自卫舰。

冷静下来分析，不难判断"中国威胁论"并无充分的依据，其实是在自民党政府持续对美顺从的状态下，从"大日本主义"派生出来的。日本政府大肆宣扬"中国威胁论"，是想树立一个假想敌，这种时候如果提出走强国路线的主张，会获得较高的支持率。那些本来对中国心怀嫉妒和优越感的人，不假思索地就接受了"中国威胁论"，却使两国之

---

[1] 日称"尖阁诸岛"。

间怨恨加深，除了政治家和军火商之外，对任何人都没有好处。像过去那样，日中之间恢复良好关系，不仅给经济，也将为大多数人带来福祉。

在此我想表达的是，日本首先必须从"大日本主义"的幻想中解放出来。抛弃"大日本主义"并不意味着抛弃爱国心。对于政治家来说，也许是很艰难的决断，但这绝不是妄自菲薄，也不值得悲伤。如果日本摆脱了"大日本主义"的束缚，反而会让国际社会刮目相看，赢得中国及亚洲各国乃至世界各国的尊敬。

在摆脱"大日本主义"的同时，日本也必须从美国的桎梏中解放出来。若非如此，日本只会被更多人视为美国的殖民地和保护国。因此，有必要摆脱依赖于美国的外交，寻求自立，也就是说改变"日本的安全依赖美军及其核保护伞"的思维定式，摸索出一条自立且不滑向军事大国的道路。2017年12月，广岛市市长松井一实在挪威首都奥斯陆表示，"日本的安全依赖美军及其核保护伞"这一说法本身就是一种幻想，"美国通过核威慑力量保护日本"的理论是行不通的。驻扎于日本的美军基地与其说是为了保护日本，不如说是美军为出击远东和中东地区而设立的战略据点，所以大可不必将其设立在以冲绳为中心的日本国土上。一个国家的安全若需要由其他国家保护的话，这个国家就不能被称为真正独立的国家。因此不论时间长短，或早或晚都要将美军基地迁离日本，我们绝不能忘记这一目标。而且我认为，"日本的安全依赖美军及其核保护伞"是日美两国政府故意强加给日本国民的说辞，实现无常驻安保是日本实现真正独立的重要步骤。必须唤醒日本国民的领土意识，依靠自身力量去守护国土。到那时，日本将不再受"大日本主义"蛊惑，不再走通过增强军事力量，依靠军事威慑力来保护自身安全的道路，而是通过增强外交等软实力来保护自己，特别是加强与以中国为中心的周边国家的对话合作机制。这是脱离"大日本主义"的根本所在。

但是，现在的安倍政府非但不以"无常驻安保"为目标，反而企图进一步深化日美同盟关系。通过大肆叫嚣、过度鼓吹"中国威胁论"以及朝鲜的核试验和导弹开发的威胁，将集中了七成驻日美军的冲绳基地正当化，强行将目前引发争议的普天间机场搬迁至边野古，并且在未经许可的情况下就在高江建设直升机停机坪，供鱼鹰直升机起飞降落。

朝鲜开发核导弹并非没有威胁，但朝鲜开发核导弹的目的是将目前已经签署停战协定的美朝之间的战争引向更有利于本国的方向，从而缔结和平条约，并没有对日本造成直接威胁。尽管如此，安倍首相却片面地支持特朗普总统对朝鲜的强硬态度，以对话期已经结束为由，敦促美国对朝鲜采取最大限度的经济制裁。实际上特朗普总统保留了对话的可能性，所以安倍首相的表态令人匪夷所思。最终为了应对所谓的朝鲜威胁，日本斥巨资从美国购买了改良型拦截导弹和地面部署拦截系统"岸基宙斯盾"（Aegis Ashore），这正是特朗普总统求之不得的结果。另外，一直以来日本的防卫力量仅限于专守防卫[1]的武器，现在日本有可能购买可对敌方基地先发制人、具有攻击能力的武器。在解决朝鲜核问题上，我认为日本发挥的作用不是要追随美国对抗朝鲜，而是要与韩国、中国、俄罗斯等国合作，为开启美朝之间的谈判创造条件。2018年平昌冬奥会前夕，朝鲜劳动党委员长金正恩在新年贺词中表示朝鲜有意派遣代表团参加冬奥会，并表明了参加南北会谈的意向。韩国方面立即做出回应，提议在板门店举行南北高级别会谈，朝鲜方面随即表示了欢迎，朝鲜半岛迅速进入对话议程。在日本，虽然至今仍有不少煽动朝鲜威胁的报道，但也出现了通过对话协商来解决朝核问题的趋势。在我看来朝核问题不是一般手段所能解决的，但安倍首相称朝韩对话已经结束，则完全是错误的判断。

另外，为了应对来自中国的威胁，安倍政府正在位于冲绳靠近中国的离岛——宫古岛、石垣岛、与那国岛，以及位于鹿儿岛的奄美大岛等岛屿上，推行强化地对空导弹部队和地对舰导弹部队等自卫队武器装备的计划。如果安倍一意孤

---

[1] 有防御上的需要，但不会对敌方实行先制攻击，仅对攻击过来的敌军实行打击，并予以击退。

行，美军和日本自卫队的联合军演将得到加强，军演中可能会出现假设在必要时刻自卫队将归属美军指挥的情景。这是在朝着依附于美国的"大日本主义"方向发展，与时代的潮流背道而驰。

综上所述，"中国威胁论"是政治上的夸张，朝鲜并未对日本构成直接威胁。冷战时期的苏联曾是日本最直接的威胁。因此，如今缩减、撤销美军基地并非不可行，应该认真探索如何实现"无常驻安保"。同样，向西南方向强化自卫队力量只会刺激中国，既没有必要，也非上策。

以我之见，日本应该思考如何同周边国家和平共处并发挥领导作用。我相信真正的和平绝不会依靠武力来实现，通过战争杀戮来构建和平这一想法本身就存在基本性的矛盾。这是我提出东亚共同体构想的原因。

关于东亚共同体构想，我在书中做了详尽阐述，在此不多赘言。需要稍许补充的是，欧盟中作为行政核心的欧盟委员会和作为立法核心的欧盟议会均为欧盟的常设机构。在推动东亚共同体这一构想实现的过程中，也有必要设置行政和立法的常设机构。欧盟曾经将委员会和议会设置在争端地区周边的城市，而非设在大城市。为了让东亚共同体发挥作用，也可以这样考虑。我认为将冲绳或济州岛作为具有议会功能的场所较为合适。现在的冲绳是驻日美军的重要基地，也在试图强化当地的自卫队。但是，为了表明日本所选择的道路是通过对话合作而非武力来构筑和平，今后的冲绳要像古时候的琉球王国那样，成为东亚各国的连接点，成为在除安全保障之外的文化、教育、经济、贸易、环境、能源、医疗、护理、防灾等一切领域都能展开讨论的和平基石。而济州岛则有着这样一段惨痛历史：日本投降后，因反对朝鲜半岛分裂，三万岛民惨遭韩国军队屠杀。朝鲜问题是东亚最大的安全问题，因此我认为，将济州岛作为东亚安全保障会议的地点是最适合的选择。我相信，把重要军事枢纽的岛屿变成和平的基地，更容易被周边国家所接受。

在经济上，东盟十国已经实现一体化，东盟也已经与中国、日本、韩国分别签署了自由贸易协定，只要中日韩三国之间签署自由贸易协定，东亚经济共同体就可以形成。本来日本对中日韩自由贸易协定并无兴趣，随着TPP受挫，日本逐渐将目光转向中日韩自由贸易协定。与此同时，区域全面经济伙伴关系（RCEP）正在取得进展，可以说东亚地区经济一体化的实现只是时间问题。如果在经济上形成东亚共同体，必定会广泛地带动其他领域。因此，现在已不复是讨论东亚共同体能否建成的阶段，而是何时能够实现的阶段。

虽然东亚共同体的构想是在小泉政府时期提出的，但安倍政府或许是为了进一步加强对美国的依赖，从而将这一构想完全封存，实在令人遗憾。

当然，我无意将东亚共同体的成员国固定为包括中日韩三国和东盟十国在内的13个国家。共同体的意义在于通过经济以及多种活动加强成员国之间的联系，避免战争再次爆发，而不是在共同体内部和外部之间建立起人员、物资、资金、信息等高壁垒。东亚共同体虽然是以13个国家为核心，但如果区域内外其他国家希望加入的话，都应该予以接纳。从这个意义上看，我所提倡的东亚共同体构想完全没有排除美国的意思，但在我就任首相期间似乎遭到了美国的误解。如果参加东亚共同体构想的国家和地区比东亚更加广泛，也就没有必要拘泥于"东亚共同体"这个名称了。

习近平主席于2014年提出了"一带一路"构想。这一构想旨在建设新的陆上和海上丝绸之路，通过以欧亚大陆为中心进行基础设施建设，重点推动发展中国家经济发展，加强区域内联系沟通。2017年5月我出席了在北京举行的"一带一路"峰会。习近平主席强调"一带一路"构想的目的，第一是和平，其次才是繁荣，这与我的想法基本一致。虽然"一带一路"构想强调发展经济，但是习近平主席表示这一构想的最大目的在于，通过基础设施建设推动发展中国家经济的发展、加强地域联系沟通，以此抑制地区之间的纷争，使整个欧亚大陆成为和平的共同体。

2017年10月18日，习近平主席在中国共产党第十九次全国代表大会上提出，中国外交政策的基本宗旨在于"坚持和平发展道路，推动构建人类命运共同体"，为此，要"发展同各国的友好合作,推动建设相互尊重、公平正义、合作共赢的新型国际关系"。在世界面临再度陷入新的冷战危险的今天,这一表态具有极其重要的意义。习近平主席指出,虽然世界正面临着这样的考验,但我们不能因现实复杂而放弃梦想,不能因理想遥远而放弃追求。他呼吁各国人民同心协力构建人类命运共同体,建设持久和平、普遍安全、共同繁荣、开放包容、清洁美丽的世界。这个想法当然很好,但如何实现却是一个难题。于是习近平主席强调"要相互尊重、平等协商,坚决摒弃冷战思维和强权政治,要坚持以对话解决争端、以协商化解分歧"。这一主张与我所提倡的在友爱精神下构建东亚共同体的主旨不谋而合,令我备感振奋。习近平主席将这一理念从东亚进一步扩展到全世界。

不过,即使中国一再倡导这样的和平外交,一些国家依旧担心迅速崛起的中国终有一天会追求霸权。对此,习近平主席在演讲中公开承诺:"中国的发展不对任何国家构成威胁。中国无论发展到什么程度,永远不称霸,永远不搞扩张。"我们相信他的承诺。

此外习近平主席还表示,将按照"亲诚惠容"理念和"与邻为善、以邻为伴"的周边外交方针深化同日本等周边国家的关系,表示中国"反对把自己的意志强加于人,反对干涉别国内政,反对以强凌弱",同时警告称"任何人不要幻想让中国吞下损害自身利益的苦果"。

我认为，既然习近平主席对日本存有善意并将日本视为伙伴，那么日本也不应该威胁中国，而应该与邻为善。

作为与他国为善、与他国合作的方式，中国推动"一带一路"国际合作。通过"一带一路"构想，中国同发展中国家之间将实现政策沟通、设施联通、贸易畅通、资金融通、民心相通，打造国际合作的新平台。并且成立亚洲基础设施投资银行（AIIB）作为"一带一路"构想的助推器。总之，"一带一路"构想是构建人类命运共同体的具体手段，而亚投行则是"一带一路"构想的引擎。目前已有84个国家和地区明确表示加入亚投行，但日本和美国一直保持沉默。

"一带一路"的目的在于，以欧亚大陆为中心，将世界建成人类命运共同体，即建立不战共同体。基于此，"一带一路"构想比东亚共同体更加积极地推动人类命运共同体的建立。作为这一构想的助推器，在亚投行成立之初，日本就应该选择加入，却至今未能下定决心，我身为亚投行国际咨询委员会委员，对此感到非常遗憾。日本表示不参加亚投行的原因或是"亚投行融资审查标准及资金筹措方法不明确、不稳定"，或是"亚投行中国色彩过浓，日本担心其运营是否公平"。借亚投行行长金立群的话说："这些理由是对已经加入亚投行的84个国家的不敬。"事实上，日本不加入亚投行的真正原因在于要看美国的脸色行事，这实在有点可怜。

在2017年10月召开的国际咨询委员会的会场上，金立群行长对我说"美国对待亚投行的态度发生了变化",他指的是美国国会议员代表团来到亚投行,咨询了出资比率等详细情况。自特朗普总统上台后,美国对待亚投行的态度有了一些改变。假如有一天美国突然提出加入亚投行,对日本而言不啻为悲惨的命运。为了避免此种情况发生,我认为日本应该择机加入亚投行。日本在基础设施建设方面不仅拥有技术,而且经验丰富。金立群行长表示虽然自民党内部意见出现了分歧,需要静观其变,但是亚投行的窗口一直向日本敞开,可见亚投行对日本的加入充满期待。

最近一两年,安倍政府对中国的态度似乎有所缓和。2017年11月在越南,安倍首相与习近平主席举行了首脑会谈,使得冷却的中日关系出现回暖迹象。我想这多半要归功于日本民间企业。日本政府已决定支持"一带一路",帮助与中国企业开展合作的日本民间企业。这的确令人可喜,但由于亚投行由中国主导,日本政府始终坚持不参加的原则,其心胸由此可见一斑。而这不仅仅是我个人的感受吧?

2017年11月30日,我有幸与习近平主席会谈。那次应中国对外友好协会会长李小林之邀,我前往位于广州市的从都,出席2017从都国际论坛。论坛最后一天,世界领袖联盟成员约20人乘专机抵达北京,在人民大会堂同习近平主席进行了约一个半小时的会谈。时值中共十九大刚刚落幕,习近平主席神色从容充满自信,发表了近40分钟的演讲，内容像是十九大报告的概要。其中有两句话令我印象深刻，一句是"一花独放不是春，百花齐放春满园"。他在讲到2020年解决贫困问题时引用了这句话。世界正在被新自由主义经济带来的贫富差距扩大所困扰，也许中国的社会主义经济才有可能缩小贫富差距，但是如果没有相当的自信，不可能说出全面消除贫困这样的话。另一句话是"鞋子合不合脚，自己穿了才知道"。我想习近平主席要表达的意思是，一个国家的情况只有该国国民最清楚，因此既反对干涉别国内政，也反对别国干涉本国内政。

演讲最后，习近平主席谈道"因为我们只能生活在这个星球上"，接着发出呼吁："我们是人类命运共同体。这是世界各国共同努力的方向。要摒弃恃强凌弱的丛林法则，建设开放包容、清洁美丽的世界。"他还表示："中国不追求霸权，历史上中国也没有追求霸权的基因。中国修筑万里长城归根结底是为了防御。中国深化同周边国家关系，承担起作为一个大国的责任，向发展中国家提供帮助。"中国不会因为是大国就追求霸权，反之正因为是大国才会帮助发展中国家，这句话真是意味深长。

我受邀做总结性发言。我首先对于能出席此次会谈表达感谢，之后的发言摘要如下：

"今天再次聆听了习近平主席演讲的精髓，习近平主席在中国共产党第十九次全国代表大会上发表的演讲是历史性演讲。在世界上，新自由主义全球化的过度发展，导致贫富差距不断扩大；与此同时对其持批判观点的民族主义开始扩散，引起了人们对于国与国之间摩擦加剧的担忧。介于全球化和民族主义中间的地区主义为解决这些问题指明了一个方向。可以说习近平主席倡导的'一带一路'构想就是大的地区主义，它为错综复杂的当代世界提供了一个解决问题的方案。这一构想主张在欧亚大陆进行基础设施建设，发展经济，引导其走向命运共同体，涵盖了我在友爱理念下倡导的东亚共同体构想，是一个宏伟的构想。亚投行的设立就是为了推进'一带一路'建设。作为亚投行国际咨询委员会委员，我认为日本应尽快加入亚投行。"我最后总结道，"虽然朝鲜再次进行了导弹发射试验，但是我希望中日韩三国共同努力，为实现美朝会谈开辟道路。"

我的愿望是东亚共同体的成员国和地区不仅在经济领域，而且在所有领域开展对话与合作，而"一带一路"构想的重点在于基础设施建设。这两个构想的目的都是将区域建成命运共同体、和平共同体。倘若目标一致，可以殊途同归，重要的是，为实现目标齐心协力。

如果大家都有命运共同体的意识，那么共同体内部就不会有战争，因此也没有必要强化武力。命运共同体的范围越广，就越能削减军事力量。或许会有人认为我的想法有些幼稚，但是如果在未来整个地球都成为命运共同体，就不会存在追求霸权的国家，只需要少量军备以备不时之需即可，所以大幅削减军事力量是有可能实现的。事实上，在考虑气候变化问题的严重性时，整个地球就是一个命运共同体，但是仍有许多领导人并未认识到这一点，不能不令人感到遗憾。

我认为，中日韩三国首先要有命运共同体的意识，这是至关重要的。这三个国家在经济上大致形成了分工体系，在自由贸易区建成之前，三国已经是一个真正的共同体了。而且将来甚至朝鲜也有可能加入命运共同体。以平昌冬奥会为契机，韩朝两国重新开启了中断已久的南北高级别会谈。

希腊前总理帕潘德里欧曾向我暗示，奥运会为朝鲜问题的解决提供了机会。的确，2018年平昌冬奥会、2020年东京奥运会、2022年北京冬奥会，韩日中四年间将连续三次举办奥运会。我认为机不可失，中日韩三国与朝鲜通过体育交流，加强合作，增进互信，引导朝鲜加入命运共同体，意义重大。有必要为此单独组建一个机构。

很多人仍未从东日本大地震和福岛核电站事故的影响中恢复过来，对于此时是否有必要承办东京奥运会抱有疑问，我也不例外。但是如果奥运会能在推动区域和平方面发挥巨大作用，我完全能够以积极的心态去重新审视东京奥运会，我期待即将举办夏季奥运会的日本能为此发挥领导力。奥运会只是一个例子，希望有更多的契机邀请朝鲜加入合作与对话当中，并增进互信。从这个角度来说，安倍首相所认为的通过对话解决朝核威胁的时期已经结束这一想法必须改变。

习近平主席再三强调，中国无论发展成什么样的大国，永不称霸。他还希望同周边国家发展睦邻友好关系。日本政府应当对此表示支持。朝鲜拥有核导弹并非好事，但如果朝鲜加入东亚共同体，朝鲜半岛实现真正的和平，朝鲜将不再使用核导弹，威胁也就不存在了。那么如何才能创造出这样的和平环境呢？这样考虑问题时，日本的生存之路就会柳暗花明，豁然开朗。

日本的未来之路绝不是将周边国家视为威胁，并谋求军事大国的"大日本主义"，而是摆脱"大日本主义"，始终坚持以对话和合作的方式与周边国家开展外交，而非依靠武力。这将成为未来的和平曙光。到那时，日本就能重新找回尊严，世界各国也会怀着尊敬之意接受日本！

前言

一直以来，对于冷战后席卷世界的全球化思潮，我都持有相当大的怀疑态度。我在就任首相前夕发表了一篇文章，阐释了东亚共同体构想，也直言不讳地记述了全球化消极的一面。因此一部分美国人士批判我，说我有反美倾向。

"冷战结束后，日本始终被美国以全球化之名而推行的彻头彻尾的市场竞争原理所摆弄。'自由'本应是一种最高的价值追求，但是人们在彻底地追求'自由经济模式'（康登霍维-凯勒奇语）的资本主义时，人就已经不再成为目的，而是沦为了一种手段，丧失了人的尊严。金融危机后的世界让我们再次意识到这一点。那么如何制止这种道德沦丧及无节制的金融资本主义和市场至上主义、保护国民经济和国民生活是摆在我们面前的重要课题。"

"目前，可以说'友爱'是一种理念，旨在纠正全球化进程中现代资本主义的偏执以及调整同传统国民经济的关系。它意味着从市场至上主义向维护国民生活和安全的政策转向，以及多样性经济社会的建设。"[1]

如今对于全球化的质疑和批判已经席卷整个世界，应该

---

[1] 引自《我的政治哲学》，*Vice* 杂志平成 21 年（2009）9 月号。

没有人会指责这种程度的言论是反美言论吧。

全球化类似于一种意识形态。它旨在将奉行彻底的市场竞争原理的美国经济规则作为普世正义推向全球。埃马纽埃尔·陶德表示："（特朗普的胜利）意味着开创了全球化格局的美国已经无法继续容忍全球化了。对于世界来说这将成为一个转折点。"全球化拉大了各国间经济水平的差距，加剧了贫困，并导致肩负着民主主义重任的中产阶级的解体。陶德将这一现象称为"全球化疲劳"。

我之所以提出东亚共同体构想，原因之一就是我认为区域一体化具有作为全球化发展缓冲带的作用。亚洲金融危机以后，东盟各国摸索出了尊重不同国家的发展阶段和历史文化传统，共同应对全球化的区域一体化构想（"东盟模式"），而东亚共同体构想就位于其延长线上。

原本欧盟也是为了抵御美国一国独霸而成立的，然而现在人们意识到欧盟已经不再是在全球化中保护各国劳动者的组织，它反而通过推动全球化，威胁着国民生活和工作，这是不争的事实。欧盟正处于巨大的转折点上。

但是，绝对不能低估从二战后开始直至如今欧盟时代的欧洲一体化进程的意义。因为最重要的是欧盟消除了欧洲各国间的战争，化解了领土纷争，欧盟取得了伟大的历史性成功。我提出东亚共同体构想的另外一个原因也是希望通过推进区域一体化消除东亚的战争危机。

特朗普上台令许多人感到美国所制定并维护的世界秩序（Pax Americana）即将终结。也有人预测今后世界将进入一个扩张性区域霸权国家的对立与合作的时代，这些国家包括美国、中国、俄罗斯以及德国等。事实上在东亚，中国在很大程度上正逐渐取代美国形成新的秩序格局，也有很多人对此心生畏惧。

日本过度地渲染"中国威胁论"，以中国取代苏联作为当今的假想敌，从而试图强化日美同盟、不断增加防卫经费，这已成为日本现行亲美保守路线的共识。

与此相对的是希望日本自己拥有独立的核武器和航母，以实现军事独立的自主防卫论。前者意味着对美国的进一步从属；而后者则需要高额的军费预算，而且可能会引起巨大的国际摩擦，是一条否定日本战后所坚持的国际合作路线，将日本转变为军事优先国家的道路。

我之所以提出东亚共同体构想，其背景还在于"中国的崛起"。我并不否认军事力量的重要性，但是我与前两者立场的不同之处在于，我坚信可以构筑起一个弱化军事影响力的国际体系。同时我也始终相信，依靠军事力量是不能实现真正的和平的。

所谓军事威胁多是观念性的，对对方的实力和意图的评价不同，相应的应对策略也完全不同。不去主动了解对方的意图，而仅仅将注意力放在对方的军事实力上，一味地致力于增强本国的军事威慑力，这是不可取的。既然有对手，自己就要增强军事威慑力，对方当然也会相应地增强军事威慑力，那么己方就不得不进一步增强军事威慑力，军备的升级竞赛也是必然的。结果就是稍有擦枪走火，便会引起战争。于是会出现这样的悖论：军事威慑力的增强不会抑制战争的爆发，反而可能降低对战争的制约作用。

这也是大日本帝国失败的主要原因。前日军大本营作战参谋濑岛龙三称："为了防止战争的军备，反而却成了促进战争的军备，这是军备所具有的惯性使然。将美国作为假想敌的日本海军也终究走上了这条不归路。"[1]。

如何在中美之间保持政治、经济的独立以及维护好本国国家利益，是韩国、澳大利亚、菲律宾等美国的盟友与日本共同面临的难题。美国的这些盟友在军事上依赖于美国，而在经济上则越发依赖于中国。我认为东亚各国间只有通过建立多边安全保障框架，才能缓和东亚地区紧张的局势，抑制区域霸权国家的行动，确保包含日本在内的中小国家的独立自主。我坚信支配亚洲的不是美国的模式，也不是中

---

[1]《大东亚战争的真相》。

国的模式，而是被称为亚洲新模式的东亚秩序，这是完全可以实现的。

重建安全保障体系的机遇

冷战结束后，日本与唯一的超级大国——美国加强在军事、经济领域的联系是正确的选择。日本在推行新自由主义经济政策的同时，努力摆脱了战后宪法对于本国军事行动的束缚，并且认为对于美国采取的维持世界秩序的行动，不论其是否合理都应积极支持。这种日本式的全球化（过度的亲美保守路线）对现实政治造成了极大的影响。结果导致日本对美国的过度追随以及日本社会的分化。我原本希望在我执政期内多少能改变一些这种日本式全球化的内外政策，然而事与愿违，不久我就辞去了首相职务，令人惭愧之极。我将在本文中详细记述事情的原委以及我个人的反省。

随着我退出政坛，东亚共同体构想也就无人问津。安倍是一名抱有实现大日本帝国旧梦的复古主义的首相，他得到日本推行全球化的政府机关——外务省和经济产业省的强力支持。第二次安倍内阁就是这样一个怪异的政权。它甚至允许行使违宪意味浓厚的集体自卫权，还签署了跨太平洋伙伴关系协定（TPP），企图在政治、经济领域形成对中国的包围网。然而，此时公然宣称对日美同盟表示质疑的特朗普总统上台，TPP的生效也遭到了否定。日本的亲美保守路线遭受巨大挫折。

安倍政权对此非常担心，虽然拼命表现出与特朗普总统亲密友好，但是也担心今后在安全保障政策及经济政策方面，不得不付出高昂的代价。

在多极化时代虽然可能存在多种多样的困难，但是另一方面，与冷战时期以及美国的超独霸时代相比，这也意味着日本外交的自由度增加。特朗普不断提及要重新审视日美同盟，我认为特朗普的上台，应该是日本摆脱对美国的过度依赖，并且成为真正意义上的普通国家的一个契机。日本战败已经过去70年之久，外国军队却仍然占领着国内的核心地带，这本身就是不正常的。应借此机会摒弃那些认为日美同盟神圣不可动摇的固有观念，并且客观看待日美安保条约，重新构筑东亚安全保障体系。

目前世界正处于民族主义和民粹主义的异常扩张期。如何阻止其扩张是民主国家共同面临的困难。在陷入了全球化疲劳的国家中，妄图通过鼓吹民族主义将分裂的社会联合起来的政治势力正不断增强。日本也处于这样的世界性趋势当中。

无论如何,安倍首相都是一个目的性明确的人。他满心希望将日本人的民族主义从因战败而被强加的桎梏中拯救出来,并使之发扬光大。

日本作为世界第二经济大国、亚洲第一的地位已成为过去时,现在它是正在崛起的中韩两国民族主义所攻击的对象,而且全球化所造成的贫富差距给许多日本国民带来了不安。安倍首相提出的"民族主义解放路线"非常符合这样的时代现状。但是在日本民族主义获得解放之后,安倍首相希望将日本建设成一个什么样的国家?他所说的应该"摆脱"的"战后体制"究竟是指什么?他所主张的"摆脱了战后体制"的"美丽国家"日本又是一个什么样的国家?这些是否会招致东亚民族主义对立时代的到来呢?对此我深感担忧。

全球化导致各国内部都产生了巨大的贫富差距,对社会阶层化的反抗又导致逆全球化浪潮的兴起,从而也引起了民族主义的抬头。民族主义引发的排外政策进一步加剧了国家间的紧张关系。为了避免东亚民族主义的对立,我认为一方面要抑制全球化带来的危害,另一方面要重视同周边国家的合作,区域主义(开放的区域主义)也不失为一种有效的合作方式。一直以来我都提倡日本应在推动东亚共同体构想的发展中发挥主导作用。

向中等规模国家转型的宿命

明治以来的"大日本主义"的目标,即使在战败后依然残存于"从经济大国转变为政治大国"的梦想之中。这是复古主义者、亲美保守派以及多数日本国民的共同期待。但是以中国为首的新兴国家的崛起,使得日本在世界经济中的相对地位逐年下降,人口减少及经济发展低迷的状态仍在持续。日本加入象征政治大国地位的联合国安理会的可能性也近乎为零。事实证明,不管是在经济方面还是在政治方面,日本的大国梦正在破灭。

21世纪日本如果难以摆脱向中等规模国家转型的宿命,就应当主动选择成为中等规模国家,谋求生存之路。作为中等实力国家能够做什么?应该做什么?总之,不再谋求"大日本主义",而是迎接"摆脱'大日本主义'"国家构想时代的到来。

"摆脱'大日本主义'"的选择为日本的政治和经济拓展了新的世界。对外加强与东亚各国的合作,对内在经济发展低迷的情况下,实施新的分配政策,应当面向世界建立一种成熟国家的新型国家模式。世界上有许多中等实力国家即将步入成熟期。日本建立这种模式后将成为它们的样板,在战后外交史上将会首次受到全世界的尊重。

我希望今后围绕是否需要坚持"大日本主义"的争论能够成为日本政治的焦点。我热切盼望能够出现高举"摆脱'大日本主义'"旗号的政党,从而与主张"大日本主义"的安倍政治进行对抗。

我坚信我提出的东亚共同体构想作为"摆脱'大日本主义'"的国家构想依旧没有失去意义,恰恰相反,我认为现在正是东亚共同体构想发挥其意义的时刻。

平成 29 年(2017)4 月 1 日

第一章

"大日本主义"的幻想——
全球化与日本政治

"友爱"的现代意义

"友爱"是我的祖父鸠山一郎一直秉持的理念,也是我政治生涯中的行动指南。祖父因与时任首相东条英机不和而被迫隐居于轻井泽,但他坚信鲁莽的战争终究会以失败告终,并且不断探寻战后日本应该遵循的政治思想。当时,他偶然读到泛欧运动倡导者康登霍维-凯勒奇的著作,与书中的"友爱"理念产生强烈共鸣。"友爱"译自 Fraternity 一词,意思与法国大革命的口号"自由、平等、友爱(博爱)"中的"友爱"如出一辙。

康登霍维-凯勒奇于大正 12 年(1923)出版了专著《泛欧洲主义》,并成为与现在的欧盟有密切联系的泛欧运动的倡导者。他的父亲是一位奥地利贵族,担任过驻日本公使,而他的母亲则是东京麻布一位古董商的女儿,名叫青山光子。作为家中次子,他还有一个日文名字——荣次郎。昭和 10 年(1935),凯勒奇又出版了著作《与人类为敌的极权国家》(*Totalitarian State Against Man*)。他在构思这本书时,正值希特勒统治下的德国和斯大林统治下的苏联这两个国家的极权主义席卷整个欧洲之时,而他的祖国奥地利也处于被希特勒政权吞并的危机之中。

《与人类为敌的极权国家》一书的开头写道:"人是目的

而非手段，国家是手段而非目的。"凯勒奇在这本书中，强烈批判了苏联共产主义和纳粹的国家社会主义，同时也表达了对资本主义放任这两种极权主义扩张的深刻反省。

凯勒奇认为"自由"才是人类尊严的基础，是最高的价值追求，他主张通过维护私有财产制度来保障自由。另一方面，他还担心资本主义会导致严重的社会不平等，在此背景下人们对于"平等"的追求会产生共产主义，甚至会出现对抗资本主义和共产主义的国家社会主义。他认为"若无友爱相伴，自由会导致无政府状态的混乱局面，而平等则会招致暴政"。

无论是一味追求平等的极权主义，还是肆意妄为的资本主义，最终都会侵犯人的尊严。结果人就已经不再是目的，而沦为了一种手段。自由和平等对于人来说固然重要，但是当它们被极端化时，所带来的后果将不堪设想。因此为了不侵犯人的尊严，就需要一种谋求平衡的理念，于是凯勒奇将希望寄于"友爱"。

实际上，在经历了自一战后到二战爆发前这段时期政治上和经济上的混乱后，西欧资本主义各国在追求自由的同时，也加强了对平等的重视，这种经济政策成为主流。他们设法完善社会保障制度，推动福利化国家发展。美国也不例外，在总统罗斯福领导下，加征遗产税，制定银行法[1]将银

---

[1] 《格拉斯－斯蒂格尔法案》。

行业务和证券业务分离，并加强对市场活动的管理。日本在战败后仿照欧洲模式进行的福利国家建设也在政治上得到了广泛支持。

二战结束以后，鸠山一郎在即将出任首相之际被开除公职，赋闲在家，闲来无事翻译了之前看过的原著——《与人类为敌的极权国家》，并以《自由与人生》为名出版了此书。鸠山一郎是铁杆的共产主义批判者。对于当年反对军部主导的计划经济的鸠山来说，在战后对抗日本国内风起云涌的马克思社会主义势力（社会、共产两党以及工人运动）的攻势及建立健全的议会制民主主义方面，这本书可以看作最能引起他共鸣的理论体系。

鸠山一郎所提倡的"友爱"理念，作为战后保守政治的根基而生生不息。由他担任首届总裁的自由民主党在实施经济发展政策的同时，还通过实行社会保障政策及农村补助制度，积极推行再分配政策。昭和40年（1965），自民党制定了纲领性文件《自民党基本宪章》，其中第一章以"人的尊严"为题，记述了"人存在即尊贵，人本身是目的而非手段"。显然这句话直接引自凯勒奇的著作，并受到了鸠山一郎的友爱论的影响。在倡导与工人运动进行融合的《自民党劳动宪章》中也有同样的表述。自民党成立初期，其领导人深知为防止共产主义的渗透，再分配政策必不可少。

民族主义与民粹主义的急剧扩张期

冷战的结束消除了资本主义国家对于共产主义化的恐惧,结果,尤其是在美国、英国这些盎格鲁－撒克逊国家,以追求经济合理主义而非社会公正为首要目标的彻底的市场竞争思想、新自由主义开始抬头。美国废除了银行法等对于市场的各种限制,迅速向金融国家的方向发展,由此导致拥有金融资产并通过金钱游戏使资产不断增值的人与其他人之间的贫富差距无限扩大。

没有资产就无法变得富裕,劳动并不能致富,美国国民对于这种贫困以及阶层差距的愤怒,支持了社会民主主义者桑德斯在先前的总统选举中的全力奋战,另外也将政界的异端另类特朗普推上了总统宝座。

这种旨在将美国奉行的彻底的市场竞争原理作为普遍的经济原则推向世界的政治、经济潮流就是"全球化"。全球化破坏了各国以国家为基础的国民经济的传统性,使社会阶层的分化显著加大。还导致了作为民主政治基础的中产阶级的衰落和解体,危及国家的政治上的融合。此外,处在激进的民族主义支配下的民粹主义者,作为一种政治和社会方面的调节手段走到了时代的前沿。总而言之,全球化已成为民族主义和民粹主义诞生的温床。

马克思曾说:"历史不断重演。第一次是以悲剧的形式出现,第二次是以喜剧的形式出现。"现在每当我看到各国正在抬头的右派民粹主义政治家的身影,都会想起马克思的这句话。我也只能祈祷冷战结束后的全球化能以喜剧的形式结束,而不会重蹈过去的覆辙。

冷战结束后,日本同样不再受到共产主义的威胁,与此同时全球化思潮不断渗透,保守政治中的友爱精神迅速消失。日本的社会阶层化也在急剧扩大。过去没有存款及股票的家庭只有百分之几,然而现在没有存款及股票等资产的家庭已超过30%。另一方面,日本社会中排外主义的言行也日益增多。日本和欧美一样,正处于全球化背景下的民族主义与民粹主义的急剧扩张期。

20世纪的实践表明,我们在看到全面否定市场经济将产生极端的极权主义社会的同时,也应看到"自由放任的市场经济所产生的绝望的贫困及社会阶层化导致了法西斯主义"。绝不能忘记这些历史教训。

从这方面讲,"友爱"作为一种对抗全球化的理念,仍未失去其价值。平成8年(1996)我之所以组建民主党,是希望在冷战结束后的新的时代背景下,可以发挥"友爱"理念的政治作用。

"自主"与"共存"

友爱是连接自由和平等的桥梁,换言之,友爱就是"自主与共存"思想。鸠山一郎认为,友爱是一种既尊重自己的自由与尊严,又尊重他人的自由与尊严的思想。"自主"精神就是要尊重自己的尊严,这正是友爱所追求的。与此同时也要尊重、信赖他人,因此与他人互相帮助的"共存"精神就是友爱。"自主与共存"思想不仅仅适用于人与人之间,也适用于国家建设。使日本成为一个"自主"的国家也是鸠山一郎所追求的政治目标。

战败后的第二年即昭和21年(1946),当美军占领下的日本即将进行战后首次大选之际,我的祖父创立了"自由党",并自任总裁。与他一同创建自由党的还有安藤正纯、植原悦二郎、三木武吉、河野一郎等人,他们在东条内阁控制下的翼赞选举中,没有受到大政翼赞会[1]的推荐,而以"非推荐"的方式进行参选斗争。尽管这些政治家被贴上了"卖国贼""非国民"的标签并受到政府残酷的镇压,但他

---

[1] 第二次世界大战期间日本的一个极右政治团体,于1940年10月12日宣告成立,1945年6月13日解散。该组织以推动"新体制运动"为主要目标,在二战期间,以一党专政的模式统治日本。

们依然为守护议会政治而不懈努力。此外，坚守自由主义阵营、在言论界同军部进行对抗的石桥湛山等人也加入了自由党。之后自由党上升为议会第一大党。

但是鸠山在即将出任首相之际，受到占领军阻挠，被开除了公职。关于他被开除公职的原因众说纷纭，但据说主要原因是战败后不久的昭和20年（1945）9月15日，他在《朝日新闻》上发表的文章中强烈谴责了美国向日本投放原子弹的行为。此后，日本政界就无人再敢批评美国向日本投放原子弹的行为违反国际法。战前因倡导自由主义而受到军部排挤的鸠山在战后被视为反对美国占领政策的政治家并因此受到美国的排挤。

石桥湛山也因拒绝对占领军言听计从而被革除公职。石桥曾担任《东洋经济新报》主笔，他作为战前自由主义言论的代表人物而为人们所熟知。石桥加入自由党后，在战后首次大选中成为候选人，虽然最终落选，但是在鸠山的推荐下出任第一次吉田内阁大藏大臣。我认为没有鸠山、石桥这样敢于反抗军部的自由主义的政治家指导日本战后的重建，给日后的日本政治埋下了巨大的祸根。不得不说，这是美国占领政策的一大污点。

由于鸠山被开除公职，最终由吉田茂担任自由党总裁，他执掌政权长达六年，中间还有片山哲、芦田均相继出任首相。恢复公职后的鸠山、石桥等人严厉批判吉田政权，并主张修改宪法重建军备，恢复日中、日苏邦交，推行积极的经济政策与之对抗。不久鸠山创建民主党，与吉田领导的自由党对抗，建立起鸠山政权。在鸠山领导下，保守的自由党和民主党合并，自由民主党诞生，鸠山任首届总裁、石桥任第二任总裁。

二战后提倡日本重建军备的是战前著名的自由主义者鸠山、石桥和芦田均。战败后不久，他们对联合国的集体安全保障功能充满期待，但是朝鲜战火的重燃使他们强烈意识到重建军备的必要性。想要同共产主义抗衡并且摆脱过去对美国的追随，并以一个独立国家的身份开展自主的外交活动，适度的军事力量是必不可少的。在这一点上，从战前开始就提倡殖民地放弃论即所谓的小日本主义的石桥湛山持相同意见，他指出："如果让我主政，能够实现经济发展和重建军备两不误。"可以说，这与前西德曾参与反抗纳粹斗争的阿登纳等自由主义斗士所主导的重建军备如出一辙。

一方面，他们主张有必要为了实现自主而重建军备，另一方面也充分认识到为了减少本国的军事威胁而努力开展外交的重要性。鸠山、石桥内阁都主张开展旨在与社会主义国家"共生（共存）"的"自主外交"。然而当时正值美苏冷战白热化之际，美国对中苏两国采取了封锁政策，因此吉田内阁展现出一边倒的反共外交姿态。

接替吉田出任首相的鸠山虽然恢复了日苏邦交，但是这并不合乎美国的意愿,并且日苏之间交涉的领土问题之所以没有得到解决是迫于美国巨大的压力。例如,杜勒斯曾威胁称:"苏联若不将北方四岛[1]一并归还日本,美国就绝不会交还冲绳。"石桥还希望恢复日中邦交,但因为生病,上任两个多月后就不得不辞去首相职务。辞职之后他依然致力于改善日中关系。

鸠山和石桥所主张的自主外交,就是在认识到军事力量重要性的同时,进一步通过外交努力创造弱化军事影响力的国际环境。尽管有时会违背美国的意愿,但他们仍具有敢于将其付诸实践的政治勇气。他们希望日本在实现"自主"的同时,还实现与价值观不同的其他国家的"共存"。

国家的"自主与共存"精神也在战后的保守党中生生不息。冷战时期,以辞职后的鸠山和石桥为首,加上支持两届内阁的松村谦三、高碕达之助、石田博英等,这些自民党的资深政治家积极开展对社会主义国家的外交。在冷战时期困难重重的条件下,他们努力探索与不同体制国家的共存之道,受到政界及言论界的普遍尊重。

但是冷战结束后,随着日美经济、军事一体化的推进,自主与共存的精神渐渐在日本的政界和言论界销声匿迹。日本开始过度认为日美同盟至高无上,仿佛除此之外其他一切

---

[1] 俄罗斯称南千岛群岛。

都无关紧要。针对我访问伊朗和克里米亚地区一事，就有很多人指责我为卖国贼。

修改安保条约的意义

鸠山一郎、石桥湛山两届内阁政权自主意向强烈。昭和30年（1955）8月，时任鸠山内阁外务大臣重光葵向美国国务卿杜勒斯提出修改日美安保条约。该提案将吉田内阁缔结的安保条约变更为互相防卫条约，并要求美国陆军在6年之内撤离日本，并在其后6年内撤离海军和空军，即最晚在12年之内全面撤离驻日美军。

《波茨坦公告》第十二项规定："同盟国占领军队在达到其目的，并依据日本人民自由表示之意志成立倾向和平及负责之政府后，应当立即撤退。"因此，关于美军撤退的提案并无不妥之处，这是日本作为一个独立国家的合理要求。但是，杜勒斯拒绝了这一提案。

继鸠山之后，石桥也明确表示"不能对美国一边倒"，虽然一直希望恢复日中邦交，但他由于生病不得不下台。随后，岸信介继任自民党第三任首相，掌握了政权。岸信介政权的诞生成为战后日本政治的转折点。

战后的日本政界中，之前反对战争的自由主义者主张独立于美国，相反，之前推动了战争的人士成为积极的亲美反共派。这是由于美国要优先对抗共产主义，因此突然支持亲美派所致。这为战后日本的民主主义留下了巨大的隐患。昭和31年（1956），在自民党总裁选举中，石桥以七票优势击败岸信介。然而我们从已经公开的美国中央情报局的文件中了解到，此时美国对岸信介提供了物质和精神两方面的支持。

事实上，可以说岸信介内阁对安保条约的修改使美国掌握了更大的主动权。当时在日本国内，围绕美军基地问题的反美民族主义情绪高涨，美国对日本中立化的担心与日俱增。此次安保条约的修改，岸信介首相曾指出如同伪满洲国的内乱条款（旧安保条约第一条规定日本发生内乱时，美军可以进行镇压）虽已去除，但是通过美军可以自由使用日本国内军事基地的协定可以看出，美国实际上进一步加强了对日本的控制。这就意味着鸠山、石桥内阁所主张的自主外交发生了变化。

当时以岸信介首相为首的内阁认为安保条约的修改并非日本迈向独立自主的直线路径，而是一条迂回的道路。首先恢复国家的经济实力，随后向着政治、军事大国迈进，可以说安保条约的修改是基于他们这种心照不宣的共识而制定的国家发展战略。如果可能，他们还希望拥有核武器，但现在时机尚不成熟，因此首先在促进核能和平利用这一经济伪装下开发核能。这一思路在这个时期得以真正确立。

岸信介首相制定了通过与霸权国家美国加强合作，并借助其力量发展壮大日本的方针。其后的自民党政权继承了此项方针。但是，初创时期的日本自民党领袖及其重要幕僚，都在不同程度上具有独立于美国的意识。椎名悦三郎自伪满洲国时期起就是岸信介的盟友，他在担任佐藤内阁外务大臣时，面对在野党关于安保条约的质疑，曾公开表示："美军如同日本的看门狗。"但在现在这样一个认为日美同盟神圣不可动摇的阶段，倘若谁说出这种话，一定会被当作卖国贼吧。

加强同霸权国家美国的合作，不断借助其力量扩大日本的影响力的方针，一方面意味着要努力增强美国对日本的信任，即必须贯彻日美外交、军事方针的一体化。另一方面也意味着日美对外方针一体化剥夺了日本与除美国之外其他国家进行交往的自由，显著削弱了日本的外交能力。这显示出日美安保体制从一开始就孕育着深刻的矛盾。

当时自民党领导人认为同美国合作归根结底是一种谋求自主的手段。然而当两国力量相差悬殊时，倘若不刻意强调双方是合作关系，即便我方是出于合作的目的，美方也会觉得日本是追随自己，并且其他国家也会认为日美是从属关系。美国前民主党智囊布热津斯基等人就曾在其著作中公然称日本为"protectorate"（保护国）。

随着时间的推移，沉默的与美合作关系逐渐转变成自愿的对美追随关系。冷战时期，日美安保条约本应是日本谋求自主的一种手段，冷战结束后手段和目的发生颠倒，维持日美同盟本身逐渐变成了目的。及至今日，所谓日美同盟俨然已被神圣化。

冷战后的日本政治

冷战结束本应成为日本在外交方面拓展新世界的机会，但事实并非如此。我曾希望因美苏对立而丧失部分功能的联合国能够恢复原来的集体安全保障功能，并主导构建新的世界秩序。但是从实际发展的过程来看，联合国的集体安全保障功能并未恢复，逐渐变成了美国单边行动的时代。结果日本失去了外交自由，并且应在多大程度上协助美国维持国际秩序的活动（美国发动的战争）成为冷战后日本政治长期争论的焦点。

冷战时，日本的经济实力达到了顶峰，作为世界第二经济大国的日本在冷战后的国际舞台将如何行动，这一点备受世界瞩目。在此背景下，日本有必要调整协助联合国维和行动的体制，对此我极力赞成。以海湾战争为契机，日本国内也就派遣自卫队参加联合国维和行动一事进行了讨论，宫泽内阁于平成4年（1992）制定了《联合国维和行动（PKO）协力法》。

一年后，我退出自民党，与武村正义等人一起另立"先驱新党"。起因是我在自民党内努力推行的改革决议，在宫泽内阁的阻碍下无果而终。两天之后，小泽一郎等人也退出自民党另立"新生党"。自民党出现严重分裂并丧失政权，非自民联合政权的细川内阁就此诞生。

这两个新的保守政党虽然在以引入小选举区为支撑的政治改革上保持一致，但是围绕长期的国家发展目标却有着相当大的差异。新生党党首小泽一郎出版了题为《日本改造计划》一书，明确了冷战结束后日本政治经济的改革方针。他主张外交上以建立"正常国家"为目标，经济上推行具有浓厚新自由主义色彩的制度改革。新生党、后来发展起来的新进党以及自由党均以此为党的根本方针。

对此，先驱新党在纲领中规定"不追求成为政治和军事上的大国"，"以构建可持续的环保型产业社会为目标"。他们将武村正义的著作《小而闪光的国家》作为日本未来发展的指南。总之，可以说两党的差异在于对全球化的态度不同，前者主张"大日本主义"，后者则坚持摆脱"大日本主义"的理念。

那么，何为全球化呢？一个"现实"就是：随着信息技术的发展，经济活动正朝着全球化方向发展。国家之间的壁垒降低，"人力""物力""财力"以及"信息"的流动变得简便易行。全球化类似于一种意识形态，它不仅认可以上"现实"，还认为彻底的市场竞争原理主导下的弱肉强食的美式资本主义是进步的和普遍适用的，而传统及既往的国民经济则是落后的,必须加以改造。

美国欲将全球化作为国家政策推向全球,可以说这是冷战后特有的时代现象。

如果让我来定义"日本的全球化",我认为它类似于一种社会意识形态。冷战结束后,日本积极推进同唯一的超级大国——美国军事、经济一体化的进程,努力扫除国内阻碍这一进程的各种制约就成为历史的必然。换句话说,在日本,全球化就等同于美国化。概而言之,冷战结束后"亲美保守"已经成为政、官界的一大趋势,"正常国家"则成了亲美保守势力的一致口号。或许这并非小泽的本意,但是"正常国家"已然被日本视为通过推进与美国军事、经济一体化来建设政治大国的道路。

安保条约的演变

亲美保守路线成为主流是之后发生的事,从非自民联合政权细川内阁、自社先联合政权村山内阁到第一次桥本内阁,都未像现在这样形成了一种认为日美同盟神圣不可动摇的趋势。细川内阁设立了"防卫问题座谈会",并将其作为首相的私人咨询机构,此外还着手修改冷战结束后的日本安全防卫大纲。我由于当时担任细川内阁的官房副长官,所以经常出席这一会议。

村山内阁时期提出了《樋口报告》。该报告以座谈会主席、朝日啤酒集团会长的名字"樋口广太郎"命名，故称"樋口报告"。报告以严谨的措辞陈述了"应该以实现多边安全合作体制为目标，日美安保条约只是其补充"的观点。但是这一报告被解读为日本试图脱离美国，因而受到美方对日政策制定者（所谓的日本操控者）的高度警惕，这一报告也在事实上被封禁。

之后，在日本操控者与外务省亲美派的主导下，出现了"重新定义日美安保条约"的新趋势。第二次桥本内阁修改了关于日美防卫的指导方针，安保条约的适用范围逐步扩大。加速这一趋势发展的是被极度夸大的中国军事力量的崛起以及朝鲜核试验的威胁。事实上，所谓重新定义日美安保条约就是修改日美安保条约，原本必须经过国会批准才能更改内容，现在仅仅靠官僚主导下的修改解释就得以完成。

日美安保条约原是将苏联作为假想敌的同盟条约，既然假想敌已不复存在，那么其存在的意义也就逐渐减弱。日本本应该抓住这一契机，大胆地要求美军缩小基地以及修改日美行政协定。同样作为战败国的德国就选择了这条道路。而日本同意维持现状，即与美国结成不设定假想敌的同盟，继续维持日美安保。

不存在假想敌就意味着美国作为盟主可以依据当时的情况决定谁是敌国，日本也会自动将其视为敌人，（不论是在前方还是在后方）与美国并肩战斗。但美国的判断并非总是对的。无法自主决定哪个国家是自己的敌人，这样的国家绝非独立的国家，而是从属国、保护国。

亲美保守路线的结局

放眼世界，其实日美同盟真正的对手是中东的伊斯兰反美势力。历史上，信仰伊斯兰教的国家曾与信仰基督教的西方国家纷争不断。日本在宗教上保持中立，曾与众多信仰伊斯兰教的国家结成友好关系。但随着美国深陷同中东的伊斯兰反美势力的斗争之中，日本也逐渐加强了对美国战争的支持。伴随着日美军事一体化的推进，在日本的政界和官界亲美保守路线成为主流，进而导致日美安保条约解释扩大化。因此伊拉克战争之际，日本加入了英美等国组成的多国部队，还制定了《伊拉克重建援助特措法》（简称"特措法"），并向海外派遣自卫队。

第二次安倍内阁甚至通过修改宪法来允许行使集体自卫权，也是这一倾向的延续。倘若允许自卫队在集体自卫权名义下向海外行使武力，表面看来是日本在军事上从特殊国家变成了正常国家，实际上只有在配合美国的需要、受命于美国或得到美国的许可时，日本才能使用军事力量。一旦宪法允许日本行使集体自卫权，日本就不能拒绝美国对其行使武力的要求。因此,对于日本来说允许行使自卫权并不意味着实现自主,而只会导致日本对美国的从属性进一步加强。总之,亲美保守路线的结局就是使日本丧失国家独立性。

《年度改革建议》与《阿米蒂奇报告》

如上所述,在日本全球化是指在推行新自由主义经济政策的同时,解除二战后宪法对于日本独立开展军事行动的制约,以积极协助美国维持国际秩序的活动(军事行动)。具体是指在经济方面依照《年度改革建议》、在外交防卫方面依照《阿米蒂奇报告》中美国的要求,修改国内法律制度。

冷战结束后,特别是在老布什及克林顿执政前期,美国越来越感到取代苏联对自己构成威胁的是高速发展的日本经济。日本的经济社会结构导致了日美贸易失衡,它已经成为一种非关税壁垒,阻碍了美国产业向日本拓展。出于必须改变日本经济结构的考虑,美国提出了日美经济协议。结果美国每年都强加给日本一份建议书,指出其需要进行改革的具体方面,这便是《年度改革建议》。邮政民营化改革,大店铺法、建筑基准法以及劳动者派遣法的修改等,均被写入了建议书当中。目前中国是对美贸易摩擦的主要对象,我想假如中国也收到同样的建议书,一定会以干涉内政为由断然拒绝吧。到我执政时,这一持续了 15 年的建议书被迫中止,而在我辞去首相职务后它变换了形式又死灰复燃。

《阿米蒂奇报告》是著名的对日政策制定者理查德·阿米蒂奇[1]与约瑟夫·奈[2]同日本的亲美保守派联手合作，先后提交三次（2000、2007、2012）始成。该报告要求建立军事意义上的日美合作机制，称"禁止行使集体自卫权是对日美同盟的阻碍"，"解禁集体自卫权是日本加入联合国常任理事国的前提"。在第三次报告里，美国又说："日本是想继续保持一流大国的地位，还是甘愿沦为二流国家呢？"进一步对日本施压。报告还详细列举了日本作为一流大国应该做到的事情，比如重启核能发电、加入跨太平洋伙伴关系协定（TPP）、制定防卫机密保护法、紧急情况时向伊朗派遣扫雷艇、放宽在联合国维和行动（PKO）中武器使用限制等。

坚持"正常国家"路线的亲美保守派认为，依照此路线坚决推行国内制度改革是日本成为政治大国的途径。可以说安倍政权是这一路线的忠实践行者。

另有打算的"另立门户计划"

"正常国家"路线包含如下要义：日本希望通过强化与

---

[1] 小布什政府助理国务卿。
[2] 克林顿政府国防部副部长助理。

霸权主义国家——美国的合作来提高其在国际社会中的地位及影响力，借此从经济大国一跃成为政治大国，并在美国的支持下跻身联合国安全理事会常任理事国之列。可以看到，美国的对日政策制定者们采取的战略是，通过刺激日本的这一政治大国愿望，促使日本朝着亲美保守方向发展。由此，亲美保守派也成了冷战结束后日本政界和官界的主流。

当双方力量相差悬殊时，合作关系的深化往往会演变成主从关系。思想家内田树评价日本的这一亲美保守路线是一种"希望通过追随美国来实现自主的另有打算的国家战略"，并讽刺其为"另立门户战略"，就如同在老字号店铺中的雇工尽心工作希望有朝一日可以开一家属于自己的分店一样。

冷战结束时，美国是世界上唯一的超级大国，日本是亚洲第一、世界第二的经济大国，但是这样的国际环境不可能永远持续下去。美国的霸权在逐渐减弱，世界正向多极化发展，新兴国家经济的发展导致日本的经济地位相对下降，日本试图通过追随美国来实现从经济大国向政治大国转变的路线难以成功。这一路线的矛盾正不断扩大并日趋明显。

平成17年（2005）在联合国大会上，日本、德国、巴西及印度申请成为联合国常任理事国，外务省竭力推动这一决议案。但是小泉首相参拜靖国神社激化了日中两国间的矛盾，外务省的努力遂以失败告终。共同提出这一决议案的国家当中，仅有三个亚洲国家：不丹、马尔代夫和阿富汗。而日本一直倚靠的美国则在一旁静观事态，日薄西山的老字号已再无余力开设分店。此时日本应该清楚地认识到，通过加强日美同盟向政治大国转变的亲美保守路线已经行不通了。

日美同盟关系的强化，既不能改善日本同周边国家的关系，也不会扩大日本的国际影响力。不构筑起同中国、韩国以及东亚各国的稳定关系，日本的独立自主就无从谈起。我由此开始提出东亚共同体构想。

鸠山内阁的失败

在平成21年（2009）夏天的大选中，民主党力压自民党，实现政权更替。长期执政的自民党政权当中，政界、官界和商界腐败滋生，形成了利益输送及高官退休后到民间企业再就职领取高薪等相互勾结的关系网。置身其中的人可以享受福利，益处多多，而在此之外的大多数人就像"消失的养老金"所象征的那样，被迫接受不公平的待遇。这种不满激起了巨大的对政治不信任的浪潮，并成为政权更替的原动力。

民主党之所以取得胜利，是由于第二次桥本内阁之后的历届自民党政权所推行的日本式全球化路线已经山穷水尽。在雷曼危机后世界经济一片萧条的背景下，许多人清楚地看到日本社会阶层分化、贫富差距加大，以及地方经济疲软，此外亚洲外交也陷入僵局。我在本书前言中所引用的批判全球化的文章，就是在当时的政治环境背景下写成的。

不只是我，加入民主党并成为党代表的小泽一郎也转而重视社会分配，提倡"国民生活至上"。甚至在言论界，曾经是新自由主义代表的评论家中古严也开始批判新自由主义，他指出："小泉改革导致贫富两极分化以及地方经济疲软。"

大选之际，民主党在其公布的"政权公约"（宣言）中明确表示"通过自主外交为世界做贡献"，"建立紧密而对等的日美关系"，"以构筑东亚共同体为目标，强化亚洲外交"。公约还进一步就"向美国提出修改日美地位协定""争取重新定义驻日美军基地的存在方式"做出具体阐释。

此外，公约中还规定重新考虑邮政民营化改革以及禁止向制造业派遣劳动者，甚至还规定了"自由贸易协定谈判之际，要照顾到安全及环境，绝不能影响国内农业发展及农村振兴"。总之，在小泽和我领导下的民主党试图改变全球化背景下日本的内外政策。

我担任首相时，曾决心依照"政权公约"将这些构想付诸实践。最终终止了日本在印度洋活动的自卫队向英美等多国部队提供燃油供应，还废除了《年度改革建议》，邮政民营化的重新评价以及派遣劳动者问题也基本有了结果。但之后便再无进展。无论是日美地位协定的修改，还是普天间基地的迁移问题，均未能得到落实。我自知能力有限，实在惭愧。

亲美保守派的倒阁运动

鸠山内阁之所以未能达成"政权公约"，主要原因在于政权成立后没有立即建立起针对官僚机构的政治主导体制。我曾一直主张政权更替之际，先请各部委当中局长以上职位的官员暂时递交辞呈，经确认其支持新政权之后，再对其予以重新任命。但是官僚机构称这一主张违反宪法，我不得不放弃这一主张。虽然依据公约废除了事务次官会议，但是取代该会议进行综合调整、重要政策的立案并负责实施的"国家战略局"也未能实现法制化。由于这一新机构拥有预算及外交决定权，一些官僚对此有很强的戒备心理。另外，内阁当中受官僚意见影响的消极论调也是一个重要因素。

在人事和机构方面也均未建立起政治主导的体制，这是我作为首相的责任，对此我进行深刻反省。当时围绕政治资金，我和小泽干事长一再受到检察机关的攻击。早在内阁成立之初，就已经丧失与"官僚"斗争到底的精力，这也是不争的事实。就我自身的政治献金问题，只能说是我无德所致。而对小泽那样大动干戈地搜查，将舆论也卷入其中，经过三年多的折腾后依然没有查出任何问题，实在难说这其中没有检察机关的政治企图。

普天间基地的迁移问题使我深切地感受到，在日本，官僚所效忠的对象并不是通过民主程序选举出的内阁首相。正如政治学家白井聪所言，日美同盟体制正在转变为日本新的"国体"，即使是首相也不能违反这一国体。亲美保守派似乎正被这一观念所支配。

当年虽然军部也倡导守护国体，但对昭和天皇来说却感到非常棘手。军部所谓的国体、国家利益不过是他们各自部门的利益而已，这一点从日本的战败中可以明确地看到。同样，在今天的日本，将组织机构的利益说成是国家利益的势力依旧为所欲为，而且专门建立起了一套机制，可以让拥护日美同盟这一新国体的官僚飞黄腾达。

冷战结束后随着日美经济、军事一体化发展，两国官僚机构的一体化也得到了推进，他们已然习惯于在行动之前先揣测美国，也就是对日政策制定者们的意图要优先于本国政党内阁的意图。其后，就像维基解密所揭露的那样，外务省官僚的所作所为，何止是不拥护本国政权，简直可以称为倒阁运动。他们极度担心向美国提出了美军基地及行政协定的修改问题会惹恼美国，认为与其进行既麻烦又困难的"再谈判"，不如直接推到内阁更省事。

不把日本看作一个独立的国家，面对美国只是一味地束缚自己、看轻自己，官僚的这些习性并非现在才有，外务省甚至曾经反对桥本首相在日美首脑会谈上提出的让美国返还普天间基地这一要求。他们对自民党内阁尚且如此，反对民主党内阁的方针也就不足为奇了。

对日政策制定者们对东亚共同体构想提出强烈的批判。而过去出台的《樋口报告》也曾受到批判，对于那些稍加客观地看待日美同盟的地位、削弱美国在日既得利益的构想，他们都会本能地予以反对。另一方面担心惹怒美国的外务省官僚，面对现实情况发生的细微变化，他们都会以"动摇日美同盟"为由加以拒绝。

事实上，对日政策制定者们并不代表美国，也不代表美国政府。外务省官僚当然知道这一点，但他们还是为了自身利益，狐假虎威，告诉国民对日政策制定者的话就等同于美国的声音。即便接到首相指示要修改日美地位协定，但由于美国的反对，他们会以"在执行中改善"来加以搪塞。他们效忠的不是首相，而是他们信赖的日美同盟这一国体。将可能侵犯到日美同盟这一国体的东亚共同体构想与鸠山内阁一并摧毁，才是亲美保守派的真正意图，也是TPP提出的背景所在。

日美联合委员会的弊端

"日美联合委员会"是一个以商议美军的军事要求为主

的机构，这个机构只知顺应美军要求。"日美联合委员会"以《日美行政协定》（之后的地位协定）为法律依据，基本上每隔一周举行一次会议，这一惯例持续至今。以外务省北美局长为首的精英官僚担任该委员会日方代表，而担任美方代表的是驻日美军司令部副司令，由双方进行非公开的秘密谈判。

该"日美联合委员会"所做出的决定实际上已经凌驾于宪法之上，侵犯了日本的主权。例如，"横田空军基地空域"虽然属于日本的空域，但日本的飞机却被禁止在该区域内自由飞行，反而形成了美军飞机专用的"巨型空中壁垒"。这就是由"日美联合委员会"日美双方所达成的共识。您或许也对从羽田机场起飞的经行路线感到莫名其妙吧？

为了改变日本官僚对美追随的态度并恢复日本的主权，至少有必要公开"日美联合委员会"达成的协议文件，将来也应当废除"日美联合委员会"。

TPP登场的意义

随着鸠山内阁的下台，亲美保守派再度得势。我无论如何没有想到菅直人和野田佳彦会如此轻易地向官僚势力妥协。

菅直人担任鸠山内阁的副首相兼财务大臣时，曾多次造访首相官邸，那时我因普天间机场迁移问题而举步维艰。菅直人屡次劝说我"为了克服困难，应该搞一个更大的问题，即提高消费税"。对此我多少有些担心，恳请菅直人继承鸠山内阁的基本方针，坚持东亚共同体的战略构想。他后来明确表达了态度，因而接手了政权。

但是，他就任首相后不久，即转身听从财务省的意见，在参议院选举中提出增加消费税，致使其在选举中落败。之后又听从外务省的意见，突然提出加入TPP。菅内阁已不再是曾经的菅内阁，它已然堕落成为"官僚内阁"。提高消费税和参加TPP谈判都是违反政权公约的议题，这直接导致民主党内部出现混乱，并逐步走向分裂。

TPP的突然提出标志着日本版全球化再度得势。TPP的本质是在政治上对抗崛起的中国，在经济上促进美国跨国企业的利益。但是外务省等亲美保守派试图借此促使民主党政权废除东南亚共同体构想，并将其作为强化日美同盟、建立对华包围网的有力杠杆。

菅首相在施政方针演说中阐述TPP的意义时谈到"第三次开放""开放国门"等，仿佛日本正处于闭关锁国的状态。事实上，日本市场的开放程度非常高，按照经济学家宇泽弘文学派的说法，残留下来的贸易壁垒大多是不适应市场经济的社会共通资本的领域，比如医疗制度、社会保障制度、农业、环境、安全等需要国家控制的领域。若依据美国跨国公司的理论，这些守护日本人生活与安全的制度均被视为非关税壁垒。

诺贝尔经济学奖得主约瑟夫·斯蒂格利茨在东京的演讲[1]中强烈批判道："TPP若真是自由贸易协定，那么3页纸就够了，但是现在足有6000页，根本没人能看懂。虽然奥巴马称'21世纪的亚洲经济规则不能由中国制定，而应由美国来制定'，但实际上都是由跨国公司的说客们制定的。"

正如斯蒂格利茨所说，全球化本质上是"为了给美国的跨国公司创造环境，使其在其他国家也能自由活动，美国的国家力量为其撑腰"。肩负全球化重任的跨国公司，本能地希望清除主权国家的各种障碍，建立没有制约的、普遍的世界市场，它们自然会置经济以外的价值和社会安定于不顾。

遵循这一理论，那么无论是人事开销还是法人税费都越少越好，环境及安全等相关规定也成了障碍，最好能够无限制地使用当地的廉价劳动力，如果所在国停止母语教育而将英语作为通用语言那就更方便了。然而，主权国家以国界线相隔，拥有各自独特的历史和文化，它们重视国民的安居乐业，因此，很多时候跨国公司的行为与主权国家的习俗是相抵触的。

[1] 2016年3月17日。

美国大选中选民的背叛

冷战结束后,各国内部支持全球化的政治势力与反对全球化的政治势力进行了不同程度的博弈,在美国压倒性的经济、军事力量的影响下,将全球化作为施政方针并予以推行的政治势力逐渐成为主流。也就是说,跨国公司的理论占据了优势地位,以至于在 TPP 中最终认可了跨国公司拥有对主权国家提起诉讼的权利(ISD 条款)。倘若这一条款被滥用,主权国家所一直维护的社会保障制度以及环境、安全等相关制度就将面临被改革或被废除的危机。

2016 年美国总统大选中出现了选民的背叛现象,这让我意识到一个时代的终结,经济全球化席卷世界已成为过去式。在美国,TPP 的推动势力主要为大型制药公司、谷物托拉斯、金融和保险公司等跨国企业及其业界团体,还有受到其支持的政治家,它们并不代表美国广大的中小企业及劳动者的利益。加尔布雷斯曾经将后者称为"依附于市场的部门",日本政府及媒体也时常忽略美国企业构成的多样性。

埃马纽埃尔·陶德表示:"对于特朗普的胜利我并不感到意外。自由贸易导致就业机会减少,并给白人选民心中留下难以治愈的伤痛……因此必须忘记自由贸易。摆在我们面前的是好的保护主义和坏的保护主义的讨论。""特朗普的胜利意味着开创了全球化格局的美国已经无法继续容忍全球化了。这对于世界来说将成为一个巨大的转折点。"

在之前的美国总统大选中，我感受到被迫依附于市场与全球化的非受益者都具有推翻全球化受益阶层的倾向，这一点可说是美国民主发挥的作用。当然，在民众的愤怒中产生的革命政权，其所实施的政策更容易导致事态恶化而非使事态改善，历史上这样的例子不胜枚举。

区域一体化与主权国家

特朗普上台、英国脱欧、欧洲各国排外主义的极右翼政党的迅速崛起，这些使我们有机会去重新思考主权国家存在的意义。

约翰·斯图尔特·密尔在《代议制政府》一书中指出："主权国家"是指"由共同的感情相互联结在一起，并希望处于共同的统治之下的人"。它以种族、语言、宗教以及地理等共同特征为要素，但最重要的是"共同的政治经历"。"具有相同的历史，对于过去发生的同一件事有着共同的骄傲和屈辱、快乐和悔恨。"简言之，这种"共同的感情"是一种将自己出生成长的国家的历史及文化传统作为自己的共性并引以为豪，面对其他国家时希望主张自我的感觉。这种感觉，既是民族主义也是主权国家的一种本能。

渴望自立是主权国家的本能，不论经济活动的全球化如何发展，这种渴望非但不会消失，相反会更加强烈。这一点在冷战结束后历经30年的全球化中已经得到充分印证。必须结合主权国家的传统来推进区域一体化——应该说这是我们在考虑进行区域一体化时所要遵循的重要经验。

　换言之，尊重各个民族国家尊严的友爱精神是区域一体化的必要条件。与此同时，为了使作为主权国家集合体的区域一体化富有意义，构成区域一体化的人民最好是由某种共同的感情联结在一起。

　东亚区域一体化原本是东盟（ASEAN）各国出于保护主权国家免受全球化弊端的侵害而发端的。平成9年（1997），美国的对冲基金大量抛售泰铢，由此引发了亚洲金融危机。在此次金融危机中，美国主导下的国际货币基金组织（IMF）和世界银行始终无视各国国民经济，坚持市场竞争的原理，从而使得危机愈益加重。因此，为了保护国民经济不受金融全球化的影响，东亚各国强烈意识到建立区域合作组织的必要性。

　此时的日本非常希望实现亚洲货币基金（AMF）这一构想，但是由于该构想意味着对美国金融霸权的挑战，遭到美国的强烈反对，最终搁浅。当时日本在国际货币基金组织上公开表示："市场经济模式也应当反映各国的历史、文化以及经济发展，应当有更丰富的内涵。"日本经济正处在巅峰时期，大藏省强烈希望日元国际化，即希望日元成为亚洲地区的基准货币。

中国为了应对美国的金融霸权而设立了亚洲基础设施投资银行（AIIB），亚洲货币基金构想同样是出于这一目的的考虑。结果日本以失败告终，而中国胜出。回顾过去，日本前外汇政策负责人行天丰雄说："让日元成为亚洲基准货币的尝试以及希望设立亚洲货币基金的构想，是日本战后经济史上特别值得一提的。尽管现在已经不复存在，但是过去日本的官僚机构也曾有建立日本主导下的亚洲经济圈的魄力。"

大国不喜欢多边主义

平成9年（1997）亚洲金融危机爆发之际，日中韩三国首脑共同出席东盟首脑会谈，此后东盟+3首脑会谈就成为惯例。这一地区的经济持续发展，经济一体化迅速推进。在此形势下，平成14年（2002）1月的东亚首脑会谈上，小泉首相提到东亚共同体构想；翌年12月东盟首脑会谈上，东盟各国承认东亚共同体构想，并就推动东亚的区域一体化达成共识。平成16年（2004）9月，小泉首相在联合国大会上发表演讲，称"希望在东盟+3的基础上，构筑东亚共同体"。

但是，之后的发展进程却非常缓慢，特别是在东亚共同体的成员国问题上，美国和中国各有想法。中日两国的主张相互对立，中国主张建立东盟+3（日中韩），而日本因顾及美国，主张建立东盟+6（日中韩+澳大利亚、新西兰、印度）。另一方面，这期间东亚经济合作迅速发展。平成17年（2005），东亚地区的区域内部出口比重超过50%，可以和欧盟或北美自由贸易协定（NAFTA）相匹敌，而在经济规模方面，东盟+6甚至接近欧盟。

我之所以将东亚共同体构想作为民主党政权的基本方针，是希望在日本的领导下，继续推进曾经因为中美两国的因素而停滞不前的东亚区域一体化。

鸠山内阁的东亚共同体构想，被美方对日政策制定者及日本国内的亲美保守派视为亲华政策而加以防范。然而，中国真的欢迎这一构想吗？事实并非如此。我曾在首脑会谈上向时任中国国家主席胡锦涛和总理温家宝表达了我的主张，但是两位并没有对这一构想表现出特别的热情。中美两国都不希望日本作为亚洲独立的政治主体存在，从而不断提高其影响力。大国不喜欢多边主义。

与两种全球化相抗衡的力量

美国担心鸠山内阁的东亚共同体构想会排除美国，成为中国统治东亚的工具，认为该构想是日本希望实现对美独立的表现。美国对日政策制定者一直以来都对日本自立的愿望抱有警惕态度，例如他们曾将《樋口报告》和亚洲货币基金视为障碍。因此他们将鸠山内阁看作反美政权，并公然加以阻挠。

事实上，我所提倡的东亚共同体构想并未将美国排除在外。虽然这一构想以东盟十国为核心，但是成员国并非一成不变。我当时一直在思考一种机制，它能够使希望加入的国家灵活自由地加入。我认为如果没有美国，东亚的安全保障就无从谈起。或许是美方对日政策制定者以及仰仗其势力的人对这一构想产生了误解，也或许他们故意曲解这一构想并以此威胁我，声称日本如果不征求美国的意见就贸然发表此构想，这是绝对不能允许的事情。

首先，提倡友爱的人是不会厌恶某一特定的国家的，更不可能反美。我大学毕业后曾赴加利福尼亚的斯坦福大学留学，在那里度过了一段美好的时光。因为不想马上回到日本，我在取得电气学硕士学位后，又继续攻读了运筹学专业的硕士和博士学位。此外，在美期间我热衷于美式橄榄球，并赶上了美国建国二百周年庆典。有过如此美好的经历，我怎么会讨厌美国？倒是近年来日本在制定国家政策时一切都依照美国的脸色行事，这才是我所厌恶的。

对于中国而言，它担心东亚共同体构想除了印度和澳大利亚加入之外，如若再允许美国参与，该构想可能会演变成为某种制约中国行动的包围网。在亚洲问题上，中国反对美国干预和多边谈判，而作为大国，它希望以领导者的姿态，通过与周边各中小国家开展双边关系来处理亚洲事务。

美国是为了捍卫日趋崩溃的美国霸权，而中国则期待取代美国形成大中华圈（中国主导的世界秩序），并且警惕以中小国家为主体的多边政治框架的建立。总之，东亚共同体在本质上可以视为具有对抗意味的区域秩序构想，它既要对抗美国奉行的贯彻市场竞争原理下的全球化，又要对抗中国的华夷秩序式的大中华体系全球化。换言之，东亚共同体构想可以说是保护中小国家的民族传统不受这两种全球化侵害的构想。我认为日本的使命就是推动东亚共同体朝着这一方向努力并发展下去。

如今，由于日本经济的影响力相对减弱等原因，东亚共同体已然不可能变成对中国的包围网。此外，习近平上台之后，中国对东亚共同体构想的态度发生了很大转变。习近平主席多次表示将推动东亚共同体的发展，他提出"一带一路"构想，还表示要通过基础设施建设发展亚欧大陆中小国家的经济，将整个亚欧大陆建成和平共同体。该构想旨在将比大中华圈更广泛的亚欧大陆置于中国的影响力之下，因此东亚可以视为其中一部分。不管其真正用意如何，构建共同体的最终目标都是使该区域不再发生战争，因此我支持习近平主席的"一带一路"倡议，也期待他能够成为推动东亚共同体构想发展的引导者。

TPP 的受挫

鸠山内阁下台之后,美国试图构筑起将中国排除在外的亚洲经济秩序,因而提出 TPP 方案。与此同时,受日中、日韩政治关系恶化以及欧盟经济危机的影响,日本国内对于东亚共同体构想的关注度急剧下降,而这正中了外务省的下怀。

TPP 是为了对抗中国经济和军事崛起而"由美国主导并服务于美国的亚太新经济秩序方案"。因此,不论其对日本经济、社会是否有益,外务省从坚持日美同盟的角度出发都理应接受,而且日本既没有拒绝的能力,也没有拒绝的必要,所以只能接受。但如果直接这样说,未免过于直白,因此外务省就以经济为幌子试图说服政客及国民。例如,"进一步打开国门对于日本经济裨益甚多""能够增加汽车等制造业的出口""牛肉及乳制品价格会降低,让消费者受益"等,这种论调也将媒体及财界卷入其中。

当然,中国将 TPP 视为美国军事回归亚洲战略在经济上的表现。作为回击,中国希望建立自己的经济圈,力求通过推动区域全面经济伙伴关系(RCEP)以及设立亚洲基础设施投资银行(AIIB)与美国抗衡。中国经济不仅对亚洲影响巨大，对于欧洲的影响力也不可小觑。因此疏远中国、无视中国的经济秩序的建立自然会面临重重困难。事实上，原本被认为不会加入AIIB的G8（八国集团）各国——除美国之外——都陆续宣布加入其中，如此一来日美两国反而陷于尴尬境地。另外，随着特朗普总统上台，原本被视为伙伴的美国突然宣布退出TPP，导致日本被孤立。

可以说，这两件事意味着日本版全球化路线和亲美保守的经济路线遭遇挫折，但是也还不至于太过悲观。

对于日本来说，TPP的经济效益被夸大了。野田内阁时期，内阁府曾表示TPP将在10年内使经济增长0.66%，相当于每年仅增长0.06%。持更加严厉批评立场的研究者则通过数据指出，TPP将造成1%的负增长并导致就业岗位减少190万。由此可见，把TPP当作经济发展战略纯粹是一种幻想。

如前所述，对于日本来说更为严峻的是TPP中加入了ISD条款。这一条款一旦被滥用，跨国公司若因环境限制等原因无法出售自己的产品时，就可以向该国提起诉讼，并且可能会要求对方支付巨额赔偿金。毫无疑问，ISD条约拥有超越宪法的效力。此外，日本有引以为豪的独特的健康保险制度——无论何人何时何地都可以享受医疗保险的国民皆保险制度，这一制度也可能会因为医疗自由化而崩溃，最终日本会进入"金钱掌控人命"的时代——一个只有有钱人才能享受优质医疗的时代。在此,我由衷地感谢那些坚持无情揭露TPP问题的有识之士。

对RCEP的期待

同为亚太经济秩序构想的TPP和RCEP,一直以来都并驾齐驱,各有发展。我主张首先应该成立日韩中三国自由贸易区,之后再接纳东盟十国,达成十三国经济协定,以此作为推动东南亚共同体构想发展的经济协定,而非推动TPP。可以说RCEP就是其延伸。

自美国开始TPP谈判后,东盟分为参与国和非参与国。东盟国家担心美国主导建立的经济秩序会取代以东盟为中心的东亚经济合作,平成23年(2011)11月,这些国家向单独与其缔结自由贸易协定的各国("+6")提出了RCEP构想。

RCEP常被视为以中国为中心的经济一体化,但实际情况并非如此。日本之前就强烈主张建立区域全面经济伙伴关系,即东盟+6框架。或许中国的确试图利用RCEP对抗TPP,可事实上,中国在这方面已经做出了很大让步。此外,如上述所言,东盟各国在历史上就一直对抗美国的全球化,它们在考虑到各国实际情况的同时,重视相互之间的联合,不断推进市场开放和区域一体化。这就是所谓的"东盟模式"。

因为TPP自由化程度非常高,所以中国及多数东盟国家都将面临很高的门槛。TPP另外一个风险是,跨国公司有可能凌驾于主权国家之上并控制该国的经济社会。在这一点上,RCEP应该依据各国经济的实际状况来进行自由贸易合作,这一思路也是"东盟模式"的方向。

因此,我一贯主张应该推动RCEP而非TPP,现在我更加坚信为了使东亚的区域一体化免受全球化的拖累,这一考虑到主权国家及国家经济的自由贸易协定才是众望所归,推动这样的区域全面经济伙伴合作关系势在必行。

而且,与TPP相比,RCEP能带来更大的经济效益。只需看其成员国就可窥一斑而知全豹。日本对TPP各国的出口总额仅占国内出口总额的30%左右,而对RCEP各国的出口总额约占国内出口总额的近50%,后者中包括中国、印度、印度尼西亚等国。若站在经济发展战略的角度,那么从一开始就应该选择RCEP。

东亚共同体构想的再度登场

日本原本就希望根据RCEP框架推动东亚经济一体化,但是在优先推动TPP的过程中其影响力逐渐降低。我认为现在正是日本作为构筑东亚共同体的支柱,发挥主导作用促成 RCEP 的时刻。

不过此时也出现了一些令人不安的因素。平成 29 年（2017）2 月，RCEP 谈判会议在神户举行。RCEP 本不应该像 TPP 那样秘密，但不论是会前还是会后，几乎都没有关于谈判内容的报道。我能够强烈感觉到日本政府不希望与会议无关的人员知晓谈判内容，所以没有任何有关会议所讨论内容的消息传出。这样一来，反映民意的渠道就极度受限，因此对于主要从国外传来的会议报道，我始终存有疑问。

其中一点就是 RCEP 中也加入了 ISD 条款一事，而且据说是有日本和韩国在背后支持的跨国公司的意志，所谓跨国公司也即以美国为中心的国际企业。同样，日韩两国提议加强医药品的专利保护，设法禁止主要生产于印度的仿制药品，这些药品是提供给贫困国家的老百姓的。由此可见，很难说 RCEP 是一项照顾各国经济和传统的协定。经济协定是共同体的核心，为了达成经济协定，发达国家必须照顾到最不发达国家（LDC）以及低收入国家的实际情况，并且拥有促进谈判达成协议的度量。我认为在友爱思想的指导下达成 RCEP 共识是日本应当肩负的责任。

特朗普宣布废除 TPP，仅仅意味着日本亲美保守路线的受挫，并没有在经济上给日本带来不利。只是日美两国若进行特朗普所说的新的双边谈判，美国可能会将具有对美从属性质的经济协定强加于日本，如同当年的日美经济构造协议那样。因为日本国会已经批准通过了TPP，其开放程度展露无遗。毫无疑问，双边谈判中首先摊牌的一方会陷入绝对的不利当中。

正因为如此，日本必须拥有可以实现自立的构想。以友爱理念为基础的东亚共同体构想曾断送于亲美保守派之手，可以说TPP的受挫，是东亚共同体构想再次登场的绝好机会。

安倍政权围堵中国并非明智之举

我所倡导的东亚共同体构想，经常遭到持有"中国威胁论"者的严厉批判，他们认为这个构想有可能弱化日美军事同盟，向中国传递错误的信息，还会削弱对华遏制的能力。关于如何看待和应对中国经济、军事的崛起以及日本应当制定怎样的相关防卫政策，我将在第二章详细论述。

在此我想首先明确一点的是，区域一体化有助于消除成员国间的战争，这一点毋庸置疑。另外，区域一体化也会淡化成员国间关于领土的对立意识。目前欧盟的确面临诸多挑战，但绝不能低估欧盟消弭了欧洲各国间的战争这一历史意义。东盟的历史也是如此。

以日本为首的在安全保障方面依附于美国的各国，陷入了在政治上依附于美国、在经济上依附于中国的两难境地。

如何在日渐衰弱的美国霸权与逐渐崛起的中国之间保持独立自主，是包括日本在内的这一地区中小国家共同面临的课题。而且霸权交替时期，国际秩序动荡，容易发生纷争，这是历史的必然。

曾经的日本和德国亦是如此，新的大国崛起就会给其他国家带来威胁，历史上这样的情况并不少见，因此有必要采取适当的政策抑制新兴大国的扩张倾向。但是只进行军事对抗不仅不会消除地区间的紧张局势，还会使对立升级。所以需要建立起某种消除紧张的机制，此时区域一体化的必要性就凸显出来。

我理解很多人面对如今的中国而有的那种霸权主义威胁的感觉，也不否认适当的对华制约政策的必要性。但与此同时，日本公然将中国视为假想敌，一味地热衷于建立对华包围网，而在中国看来，这是导致双边关系日趋紧张的敌对行为，结果将会适得其反。"日美同盟的军事威胁"恰恰给了中国军方实行扩张主义的正当理由。从东亚地区的局势来看，安倍政权所推行的对华封锁政策反而使紧张态势升级，绝非明智之举。

如果建立对华包围网，加大军事制约力量，中国也会努力提高军事力量，中国的行动并不会发生任何变化。实际上美国也是如此，大国自主决定的行动，其他国家很难通过干预将其改变，最多也就是迫使其慎重行动。为了使大国的行动更加谨慎,仅仅依靠增强军事遏制力量远远不够,使其加入多边框架才是行之有效的方法。正如一些国际政治理论所分析的那样,我认为多边框架下的中小国家齐心协力,可以抑制大国的一些极端行动。

若不构筑东亚共同体,东亚地区在经济方面就会逐渐变成中国经济圈。我完全不认为中美两国间会发生真正的全面战争,但东亚各国倘若卷入中美两国间某种区域霸权斗争的话,就很有可能招致武力纷争,也会导致国内陷入亲美派和亲中派互相倾轧的混乱局面。

的确,阻碍区域一体化发展的政治障碍很多。然而如果说是优先排除障碍还是优先推进一体化,就如同争论先有鸡还是先有蛋一样没有意义。只能一边切实推进一体化,一边克服政治上的障碍。政治制度差异、人权问题、历史认识问题、领土问题等,这些与各国的主体性和价值观密切相关的事务,都难以通过两国协商得到解决。在这一点上,不能照搬欧盟的经验,因为欧盟国家之间在制度和宗教上拥有诸多共同点。

有些人认为即便区域一体化在欧洲可行,但在东亚不可行,其论据正源于此。但是欧洲主张二元论,例如是非、黑白或者好恶;而东亚则有以和为贵的传统,还有形成共同体的有利环境。

我一直认为并提倡不仅要优先建成经济共同体,还要逐步实现教育共同体、文化共同体、环境能源共同体、金融共同体、开发建设共同体等,重视多领域、多层面合作关系的制度化,为了逐渐形成地区信赖及培养共同体意识而不断努力,这一点十分重要。为此,应该建设会议体系,并引导其成为常设机构,进而争取将其发展到欧洲议会的模式。此外,为了避免诸如领土问题发展为突发性军事冲突,应该及早探讨专门处理安全保障问题的东亚安全保障会议的常设化议题。

日本不可再犹豫彷徨

现在,我不想将日本作为大国(great power),而是将日本作为中等国家(middle power)来进行讨论。将GDP排名世界第三的日本称为中等规模国家可能会令人反感。但是日本与美国、中国以及俄罗斯不同,不能采取单独的军事行动,也没有力量将本国的规则强加给其他国家,但是也完全没有必要因此而妄自菲薄。因为不开展单独的军事行动、不将本国的规则强加于其他国家的做法更好。

明治以来,日本提出将跻身大国行列作为国家目标,并长期为之奋斗。二战结束后,日本放弃了军事大国目标,试图从经济大国转变为政治大国。若将其定义为"大日本主义",那么日本必须认识到这一梦想终将以泡影告终。

冷战结束后不久,日本的经济实力是当仁不让的亚洲第一,日本有能力推动日元成为亚洲的共同货币并构建日元经济圈。基于此,实力如此雄厚的经济大国立志向政治大国转变也是合乎逻辑的。但是随着中国经济的发展,日本的经济力量相对减弱,即便是联合日美两国的力量也难以对抗大中华圈。

冷战结束后,日本政官两界的亲美保守派所推行的"通过追随霸权国家美国来实现政治大国目标"路线,也是"大日本主义"的一种形式。此外,由于中国和韩国的反对,日本加入联合国常任理事国的梦想最终破灭。日本一直以来都信任美国,但在 TPP 谈判中却遭到了美国的背叛,可以说挫折感极深。冷静下来思考一下就会明白,不可能有国家认为依附于美国的国家会是政治大国。

现在我们不得不承认,日本不论是在政治方面还是在经济方面,均已无法继续保持亚洲第一的地位,但是没有必要对此一味地悲观消极。

由于新兴国家的崛起,日本经济的影响力已相对减弱,人口也不可避免地呈现减少之势。总之,日本文明就其规模来说,已经过了巅峰时期,正逐渐由鼎盛走向衰落的时代。曾经支配世界的西班牙、荷兰、英国以及法国都未能摆脱这样的命运。我认为今后日本应该主动接受这样的命运,积极探索一条作为中等规模国家的生存之路。这绝非易事,但不应该悲观失望。

《后超级大国时代》一书的作者伊恩·布雷默表示,特朗普总统的上台"意味着美国所制定并维护的世界秩序的终结",也意味着席卷日本的政治、经济全球化时代的结束。这本书的原标题为 *Every Nation For Itself*,意思是在这个世界上将不再有能够领导世界的国家,所有国家都为了本国而行动。

例如,昨天还处于对立状态的中美两国突然展开合作;反之,今天认为关系还很不错的两国,明天就有可能变成对手。在这个世界上,每个国家都可能像这样完全不考虑盟友的利益,仅仅依据自身的利益来采取行动。诸如尼克松冲击[1]一类的事件可能会频繁发生。

此时,将日本建设成一个不再犹豫彷徨的国家是我的观点的根本所在。我既不是坊间谣传的主张反美,也不倾向于亲中。我认为我们应该和所有国家的人民都友好交往。目前

---

[1] 美国总统尼克松对美国外交、经济政策的重大调整,对日本政治、社会形成了两次"冲击"。其一是尼克松政府于1971年8月突然宣布停止美元兑换黄金,导致"布雷顿森林体系"崩溃,对日本等世界各国经济造成了巨大冲击。其二指同年基辛格访华,为后来的尼克松访华做铺垫,但直到公布消息的最后一刻才通知日本政府,导致佐藤内阁在外交上进退失据,被迫辞职,日本政坛和外交政策因此受到了巨大冲击。

日本过于亲美而嫌中，因此对于现在的日本来说，我的主张看起来显得反美而亲中。

我关心的是"日本作为一个国家的独立"及"日本与周边国家的共存"。多极化时代是一个巨大的挑战，但是与冷战时期和美国独霸的时代相比，它也意味着外交自由度增加。布雷默表示，为了在这样的时代生存下来，最重要的就是灵活性。

日本在摆脱对美国的过度从属、走向独立自主的同时，还要重视与周边国家的共存。为了建成这样一个友爱的世界，应该灵活地思考及行动。因为这样的时代已经来临了。本国的独立自主固然重要，但也正如布雷默所预言的那样，倘若所有国家都以本国为优先进行行动，就有可能纷争四起。如果日本能够在谋求自立的同时，积极探索与周边国家的共存之路，消弭纷争做到防患于未然，那么日本存在的意义将不言而喻。

我们抛弃明治以来的"大日本主义"梦想，下决心以一个中等规模国家的身份发展下去，相信只有如此，才能为日本外交打开新的世界。实现东亚共同体构想，实际上也就意味着"摆脱'大日本主义'"的国家构想。

走向自立与共存的道路——
摆脱同美国的主从关系

第 二 章

虚妄的"安保免费乘车论"

2016年美国总统大选之时,当时的候选人特朗普宣称,如果日本不增加驻日美军的军费开支,他就要从日本撤出军队。20世纪70年代,美国政坛出现了所谓的"安保免费乘车论",这一观点认为正是因为安保条约,日本得以将军费压得很低,由此获得了经济的高速发展。现在日本已经成为经济大国,理应承担与其经济实力相当的军费。在日美同盟关系中,日本总是单方面受益,而美国却总是吃亏。

然而,事实并非如此。首先,日本一直在为驻日美军承担着巨额军费。

日本负担的军费包括《日美地位协定》中规定的美军用地的租金等费用、《特别协定》中规定的所谓"体贴预算"、需要缴纳给各个地方政府的补助金和补偿金、重组驻日美军的相关经费等费用,合计起来每年的负担超过7500亿日元。对比日本各个都道府县的财政收入,这一数额已经超过了中等规模省份的三重县(约7360亿日元)或长崎县(约7240亿日元)的财政收入,也相当于美国一个中等规模的州的财政收入,可见数额之巨大。平均下来,每个驻日美军每年享受到日本1500万日元的补贴。

那么,日本所负担的数额是多还是少呢?来看一下其他各国所负担美军军费的比例：日本负担了驻日美军军费的七成，意大利和韩国分别是四成，而德国只支付三成。像这样连照明取暖费以及高尔夫球场的费用都要帮美军支付的国家，除了日本，绝无仅有吧？特朗普应该不是在知道这个事实的情况下发表上述言论的吧？

直到20世纪70年代初，日美双方都还没有"日美安保体制无益于美国"这样的想法。当时，美国需要负责日本和远东地区的安全，相应地日本也同意美军在日本常驻以及对基地自由使用，协助美国维持其霸权统治。当时美国是认可这种受益和负担并存的形式的，不满的倒是日本。

对战后的日本而言，美军基地带有领土的属性。它既是激发日本民族主义情感的社会问题，也是一个政治问题。当时日本社会广泛认为，为了维护日美安保体制，日本被迫做出了极大的牺牲。70年代中叶，日本人的民族主义主要指向美国，反美游行、反对建设美军基地的运动时有发生。美军还曾将基地用于攻击越南，这更加刺激了人们反美、反基地的情绪。

在那之后，局势发生了一些变化：冲绳归还，中美和解，越南战争宣告结束。伴随着这些变化，日本本土的美军基地保留在了主要区域，即二战之前就有的日本陆海军基地，但总体面积大大缩小。1960年爆发反对安保条约运动时，美军在日本的基地面积达3万多公顷，现在减少到8000

公顷左右。另一方面，日本政府还将国内70%多的美军基地集中到了占国土面积0.6%的冲绳。

冲绳，成了日本作为从属国的写照。

美军基地迁往冲绳，使得在日本本土美军基地领土问题的色彩逐渐淡化，像过去立川斗争那样轰轰烈烈的反美军事基地的运动越来越少，美军基地的问题也变得不再凸显。但是另一方面，冲绳美军基地作为当地居民日常生活中不可回避的问题一直在持续发酵。对于美国驻军所带来的利益和负担，日本本土人民和冲绳人民的感觉大不相同。

在日本本土，因为美军基地所带来的社会问题减少，"负担"变得不那么明显，人们越来越有一种错误的"受益"感，觉得"美军正在保护我们"；而在冲绳，美军基地这一领土问题依然存在于人们的日常生活中，冲绳居民感到自己被当成了美军和日本政府的牺牲品，感觉"负担"越发沉重。

举一个例子。在朝鲜战争期间重新组建的美国海军陆战队第三师自昭和28年（1953）起一直驻扎在日本的岐阜县和山梨县，这两个县的居民举行了激烈的反美军基地的斗争。昭和31年（1956）2月，为了得到能够自由使用的演习场，这支美军部队被迫转移到当时仍在美军控制之下的冲绳。由于日本本土居民的强烈抵制，日本政府不得不考虑本土居民的意见，最终将美军基地强制性地迁往冲绳。而对于冲绳居民的反对活动，日本政府却充耳不闻，这令冲绳居民大为不满，认为自己受到了歧视。

大多数美国人完全不了解冲绳基地的负担之重和由此产生的强烈的反美情绪，与此同时，很多日本本土居民对冲绳的事态也表现得相当漠然。日美同盟的现状和诸多问题在冲绳得到了集中表现，在那里能够清楚地看到日本是美国的保护国这一现实。

可以说，美军基地揭示了太平洋战争结束后到今天为止美国依然享有的既得利益。我非常怀疑日本是否真的需要如此之多的美军基地。《日美防卫合作指针》规定，自卫队承担保卫日本的工作，并且具有相应的军事能力。驻日美军的作用与其说是为了保护日本，不如说是为了美国的全球战略而存在。

如果没有横须贺港、佐世保港做母港的话，第七舰队就无法向西太平洋、印度洋、海湾地区派军。也就是说，假设特朗普总统希望撤军，且日本同意撤军，美国军方也很难点头。对日本来说，美军基地存在的实质性意义，远不及它作为威慑力的意义大。

我并不是要全盘否定日美同盟和军事力量的威慑作用，如果一味地将美军基地作为眼中钉的话，反而会加剧地区紧张局势。但我认为，应当努力构建更加不受军事力量所左右的国际体系。

将普天间基地移向海外或者移出冲绳，以倡导建立"东亚共同体"作为长期方针，实现驻日美军的"无常驻安保"体制。我之所以一直如此主张，其目的也就在于此。

从这个意义上讲，当特朗普在就任总统前的演说中威胁日本如果不多出军费就撤回驻日美军时，我认为机会到了。即使他的主张是基于"安保免费乘车论"的误解提出来的，日本政府也不应该再增加自己的军费负担，不应该购买更多的武器。如果特朗普总统提出增加军费的要求，应该坚决拒绝。美国想要撤回驻日美军，那就请便吧。而撤军也并非易事，两国还需要就撤军问题达成协议。但一国的国土上有他国驻军本身就是一种异常状态，我认为现在多少可以消除一下这种异常，是让日本走向真正独立的一个机会。

不过，特朗普总统就任后却再也没有发出过那个勇敢的言论，对此，日本的外务省、防卫省应该松口气了吧？我反而感到非常遗憾，因为日本离真正独立的道路又渐行渐远了。

"无常驻安保"理论的源流

我于平成8年（1996）退出先驱党，和菅直人共同组建了民主党，并成为党代表。当时民主党提出了一个"基本政策"，就是"将无常驻安保作为一个选项"，但在此之后，由于新进党分裂，民主党吸收了原来新党的各个党派进行改组，在改组过程中，这个政策也就被束之高阁。因为"无常驻安保"是一个长期的课题，无法马上实现，所以我优先选择了扩大党的势力，在任职党代表及首相期间也未提及此事。

"无常驻安保"这一提法并非我的原创，它由来已久。之前提到鸠山一郎首相所带领的内阁就曾认真探讨过如何在安保条约之下增强自卫队的实力，并撤出驻日美军。这个想法也得到了部分自民党成员的继承。但真正将其作为党的基本政策的只有初期的民主社会党（之后的民社党）。民主社会党是昭和35年（1960）因社会党分裂而另外组建的一个党派，在"五五年体制"时期曾是五大政党之一，其成员是思想稳健的社会民主主义者，他们批判社会党的教条主义和非武装论。该党的智库成员有蜡山政道、猪木正道、关嘉彦等一批著名的政治学者，"无常驻安保"这一政策也是在他们的影响下制定的。

将"无常驻安保"理论细化后公之于世的是猪木正道的学生高坂正尧，他在昭和39年（1964）发表了一篇名为《海洋国家日本的构想》的文章。当年10月，中国取得了核试验的成功，成为核国家。高坂正尧在文章中提到"中国崛起意味着战后日本在防卫外交上依存美国这一构想开始崩溃"，表达了自己的危机感，并介绍了法国的军事理论家皮埃尔·伽罗瓦（Pierre Gallois）的观点："日本如果既不想从属于美国，也不想从属于中国的话，就只能发展自身的核武器。"高坂指出"日本确实面对从属于美国还是中国的两难抉择，若想避开这个窘境，只能增强自己的军事实力"，并质问道："日本究竟应该发展什么样的力量？"

他既不是"威慑论主义者"，也不是"全意图主义者"。前者认为应增强国防实力，用武力威慑和应对任何侵略；后者认为在核武器时代，国防力量是没有意义的，应当贯彻非武装政策，这样其他国家就不会对你有侵略的意图。他主张"防卫确实是一个错综复杂的问题，既包含威慑力，也包括传达非战意图"，所以"保持最低限度的军备是必要的，也是有效的"。他还表示"日本无法应对其他国家的核打击也是可以接受的。之所以这么说，是因为日本政治的根本任务就是打消他国动用核武器攻击日本的想法，并且这个任务并非不能完成"，以此否定了日本的"核武装论"。

但是，他还提到"政治的力量并不能规避发生小规模的偷袭和战争的可能性，所以有必要保存一定的军事实力去应对这些情况，这一点是有意义的"。基于这样的认识，他阐述道："日本应该同美国维持一定的军事联系，但这种联系应大幅减弱，同时加强避免战争的外交能力，并保持在必要时提高自身的威慑力。"

高坂还表示，对于海洋国家日本而言，和美国的合作至关重要。美国对海洋有着绝对的支配权，战后20年日美的合作维持了地区力量的均衡。从这一点来看，日美安保体制有必要继续坚持下去。他希望"美国能撤回所有在日本本土的美军基地"，关于美国的威慑力，"摩根斯顿曾将其称为海洋系统，所以美军海外基地的必要性也在逐渐减弱"，"美军的海军基地确有其必要性，但没有必要建在日本本土，或者说最好不要建在日本本土"。在此基础上，他提出了"无常驻安保"的日美安全保障体制。

总而言之，他的基本立场是日本可以通过政治手段消除核威慑，并站在这一立场上摸索出一条日本恢复并提高其外交实力的道路。如果日本和同盟国（美国）的关系过于亲密，就会使其他国家（苏联和中国）认为日本是在敌视它们，也会明显地削弱日本的外交能力，而这种外交能力在避免其他国家具有攻击日本的念头时是必不可少的。因此，弱化同美国的从属关系，有助于缓解地区紧张局势，也有助于提高日本的外交能力。

我之所以洋洋洒洒地大段引用50多年前的论文，是因为当时年轻的高坂正尧所研究的这一宏大课题在今天依然有其现实意义。当时，中国成为核国家，美国的核保护伞地位开始动摇，日本国内也出现了"核武装论"。如果中国继续强大下去，日本就要像伽罗瓦说的那样，不得不选择"从属于美国或中国"，或者发展自己的核武器。他的结论是，日本还有其他的道路可以选择。

现在，除了中国，朝鲜也拥有了核武器。为了同朝鲜抗衡，韩国和日本国内的"核武装论"再度登场。我不认可"核武装论"，朝鲜的核武器和导弹的打击对象是美国而不是日本，但只要继续从属于美国，作为美军基地的日本也有可能受到打击。正如20世纪60年代高坂正尧所说的那样，我现在依然认为通过弱化同美国的从属关系，提高同周边国家开展外交的能力，可以缓解地区的紧张气氛。

"无常驻安保"就是削弱同美国的从属关系的一个里程碑，应当阶段性地减少美军基地，最终实现美军从日本国土全部撤出。一个国家只要有他国军队驻扎，就不能被称为完全独立的国家。不论花费多少时间，都要坚定完成这一终极目标的意志。

外务省对于日本自立的期待

直至昭和40年代（1966—1975），外务省内还有这样一个认识：日美同盟不过是日本自立的一个手段而已。这被清楚地记载在当时外务省的机密文件《我国外交政策大纲》之中。

池田、佐藤内阁时期，日本的经济高速发展，国民生产总值超过了德国，一跃成为仅次于美苏的经济大国。当时美苏正在争霸，中国拥有了核武器，中苏关系恶化，越南战争白热化又导致中美关系紧张。同今天相比，那时的东亚地区军事冲突更加频繁，国际环境更加扑朔迷离。在这种局势下，外务省的官员们探讨了日本的中期外交方针，于昭和44年（1969）9月将其编写成《我国外交政策大纲》。当时的外务事务次官是战前有名的外务省革新派（三国同盟推进派）人士牛场信彦（后任驻美大使）。

因为这份文件记载了日本曾意欲研发核武器，所以一经公开就遭到了批判。这份文件里确实记述有"不论是否加入NPT（《核不扩散条约》），虽然当前的政策是不持有核武器，但应当一直保持制造核武器的经济、技术潜力，要考虑使其不受限制"。一般认为拥有核武器是成为一个大国的必要条件，所以日本需要通过开发利用核能获得潜在的制造核武器的能力。包括鸠山一郎、石桥湛山在内的历届自民党首相和保守派领袖，在这一点上一直具有共识。《核不扩散条约》对已经拥有核武器的国家而言好处多多，而原来没有核武器的国家如果不签署《核不扩散条约》，还可以继续研发核武器，所以《核不扩散条约》遭到了政界的坚决反对。日本签署这个条约花费了七年时间，批准条约又花费了六年多的时间。

不过，我认为这份文件中更应该重视外务省的官员们想要关闭美军基地这一强烈的自立意识，通过这份文件我们可以清楚地了解到，他们在日美安保体制之下，一直在等待着走向自立，并成为政治大国的时机的到来。

这份文件预测了20世纪70年代的国际环境，提到虽然"美苏两国将为了维持、扩大自身的影响力而争斗"的冷战状态不会发生变化，但发生全面核战争的可能性会消失，并且常规军事力量是"左右国际政治力量的一大要素，这个潜在意义不会发生变化，但现实中对于使用军事力量的限制更加明确"。因此，《我国外交政策大纲》指出，世界发生了新的变化，并且今后也将持续这一趋势，即"出现多极化现象，也就是说除去超级大国，其他大国会在军事之外的层面享有更多的发言权"，"（社会主义阵营和资本主义阵营）受到各自阵营内部的超级大国的影响会减弱"；"中小国家在民族主义的影响下，会出现摆脱大国影响力的自立倾向"，等等。

除此之外，《我国外交政策大纲》中还提到，虽然"会继续遵守现行的《日美安保条约》规定"，但因为"预测到了国内舆论会越来越不希望美军在我国国土上拥有明显的影响力"，所以"只依赖美军的核威慑力和在西太平洋地区大规模、机动性的对海、空的攻击力量，其他防御工作原则上由自卫队来承担"，"为了保护以朝鲜半岛为中心的远东地区的安全，需要美军的长期威慑力，因此为美军提供若干有限的重要基地设施"，随着日本自卫能力的提高，"应逐渐缩小、减少驻日美军的基地范围，原则上将安保工作移交给自卫队，同时保留在日本和韩国的若干极为重要的美军基地，以维持美军的威慑力量"。

《我国外交政策大纲》明确表达了外务省的官员们所认为的应当阶段性地缩小美军基地，实现国家自立的这种意识和摆脱对美的依存，逐渐走向自立的志向，这应该称得上是外务省所表达的"无常驻安保论"。从某种意义上讲，这个见解和我刚刚引用的高坂的论文有相通之处。当时的学者和官僚都在探索自立的道路，而冷战时期的国际环境远比今天的环境更为困难。我并不认为今天的外务省官员已无丝毫的自立想法，毕竟这应是政治家们担起责任来解决的问题。

之所以要给大家介绍50年前民间和政府的这两份文件，是想表明"无常驻安保"绝不是什么新奇理论，有着它的渊源和历史，是处于战后的内外环境之中的日本人在追求国家自立时得出的一个结论。这既是一个老问题，也是一个新问题。

中国真的是威胁吗

之后，日本成功地用政治手段消除了已是核国家的中国的威胁。日本抓住了尼克松访华这一中美和解的机会，田中角荣内阁在昭和47年（1972）实现了日中邦交正常化。日中事实上达成了协商关系,担心中国核威慑的声音几乎全部消失,日本的核武装论也随之销声匿迹了。

自此,日本一边维持着同美国的同盟关系,一边发展同中国的协商关系,这一历史事实对中日两国而言都是万幸。

近年来,日本人所认知的来自中国的威胁已经不再是20世纪60年代后半期日本人担心的"核"威胁,而是来自军费的激增、钓鱼岛争端和海洋扩张。

对日本而言,这些真的是威胁吗?我认为需要慎重地思考和应对。所谓受到"威胁",大多是一种主观的感觉,是一种相互的感觉。也就是说,很多时候,两个国家可以通过努力建立相互信任,通过政治途径来消除威胁感。

中国的经济也在发展,与此相伴的是军费以两位数增长。《防卫白皮书》对此表示了担忧:中国的军费将在25年内增长近40倍。这种担忧是否是基于中国发展的强烈意志呢?一定要谨慎判断。

在日中邦交正常化之前,中方一直严厉批判"日本军国主义在复活",批评最多的就是"日本防卫费用的激增"。因为经济高速发展时期的日本防卫费也是呈两位数持续增长,所以站在不同的立场来看,这也是一个严重的威胁吧。

1972年,为了恢复中断的中美关系,美国国务卿基辛格访华,周恩来总理向其表明了自己的担忧,担心日本会再度扩张。对此基辛格回答道:"《日美安保条约》发挥着抑制日本军事膨胀的作用。"他用所谓的"瓶盖论"说服了周恩来总理,这件事在之后得到了证实。实际上,伴随着日本经济快速发展,经济规模和财政规模也在逐渐扩大,但日本的军费却一直控制在 GDP 的 1% 以内。日本也一直在对外宣传这个数值,将其作为自己不打算成为军事大国的证据。

同经济快速发展时期的日本相同,中国军费规模也只是 GDP 的百分之几,在 2015 年甚至降到了 1.3%[1]。也就是说,中国军费的增长速度要低于 GDP 的增长速度。当时美国的军费占 GDP 比重的 3.3%,俄罗斯是 4.1%,英国是 2.1%,法国是 1.9%,德国是 1.1%,韩国是 2.4%,印度是 2.2%。那么是将近几年中国军费的激增看作一种异常的军备扩张,还是一种"伴随着经济的发展出现的自然且正当的结果"呢?[2] 虽然出现了不同的见解,但就我的经验而言,过于宣传邻国威胁也不是正常行为。

美国不愿介入钓鱼岛争端

关于钓鱼岛的所有权问题,无论是在实现中日正常化的会谈中,还是在签署《中日友好条约》时,中日双方都决定

---

[1] 英国国际战略研究所《军事平衡》。
[2] 《澳大利亚国防白皮书》。

将争议搁置不谈，这一点是明确的。

对此，当事人原条约课长栗山尚一和原外相园田直都给予了证实。虽然没有田中角荣首相直接的证言，但野中广务表示亲耳听到田中首相说"双方共同决定将钓鱼岛问题搁置不议"。我也向当时中方的翻译林丽韫女士原原本本地确认过当时田中首相和周恩来总理的谈话内容。因此，站在不损害双方的立场，再度用政治手段解决钓鱼岛的问题并非不能实现。

2014年，美国总统奥巴马访日。他在同安倍首相会谈后举行的记者招待会上也明确表示，美国不希望卷入日中双方因钓鱼岛问题引起的争端。但是安倍政权却动辄就向外界显示已确认美国同意将钓鱼岛纳入《日美安保条约》第五条的适用范围，给人们造成一旦日中因钓鱼岛问题发生冲突时，美国将和日本并肩作战的印象。媒体也大多如此报道。

因为钓鱼岛是在日本的实际控制之下，当然适用于《日美安保条约》，但美国并没有承认它是日本的领土。美国一贯采取中立的立场，希望由中日两国来自行决定。并且，当中日由于钓鱼岛问题发生冲突时，美国也不会迅速同日方共同作战。日美防卫指针中已经表明岛屿的防卫工作由自卫队负责，并且美国若想发起对中国的战争，也需要得到国会的批准，美国国会是不会因为一个对它没有任何利益关系、犹如一块岩石的小岛而批准对中国发动战争的。

钓鱼岛问题并不关乎中日两国的核心利益，两国应站在全局立场上将其作为外交课题谨慎对待，而不应因此发生军事冲突。过分地渲染中国攻击钓鱼岛将会引发危机，从而形成对中国的外交包围网，一再刺激对方，这是非常愚蠢的行为。为了不激化领土纷争，实际占有岛屿的一方应该谨言慎行，不要向对方做出挑衅举动，这一点尤为重要。在竹岛[1]问题上，韩国的态度就是一个反面教材。

如何看待"中国进军远洋"

同样的事情还有"中国进军远洋"，中国这样做的意图何在？是基于取代美国在太平洋的霸权这一远大野心吗？对这个问题的判断也不尽相同。大东亚战争得出了一个清晰且单纯的结论：日本在太平洋同美国的争霸战争中败给了美国，其结果是确立了美国在太平洋的绝对支配地位。日本对美国俯首帖耳，成了美国海域范围内的一个轻武装的海洋国家。而所谓的中国军事力量的崛起，是否能迫使战后的日本彻底改变自己的生存方式呢？

自二战结束后，迄今还没有出现过能威胁美国海洋霸权的国家。中国会取代美国，将从太平洋到印度洋，乃至中东

---

[1] 韩国称独岛。

的广大海域置于自己支配之下的看法是无稽之谈，而且中国海军也没有相应的军事实力。这方面，日美的威慑力倒是实实在在的。

中国关心的只是东海、南海等近海海域。这些海域既不可能也不会完全排除美国的影响。所以中美两国每年都会举行首脑会谈，定期举行部长级中美战略对话，中国海军也参加了RIMPAC（环太平洋军事演习）。从这个事实来看，中美两国并非一种敌对关系，而更像是一种"协商关系"。

这片海域确实不再只属于美国，它已经变成了美国、中国和东盟各国共同的海洋，中国不会确立排他性的海洋霸权，也不会妨碍作为海洋国家的日本的自由通商，所以大可不必杞人忧天。各相关国家需要一个更加明确的框架，以便管理好这片海域的安全。

钓鱼岛和南沙群岛问题都只是这个地区范围内的领土纷争，美国真实的想法是不希望卷入这些纷争。美国作为一个霸权国家，对领土之争一直持中立原则，日本想要把美国拉入日中纷争，进而对中国施加压力的尝试应该不会得逞。

地区范围内的领土问题应当由当事者花时间去努力解决。此前南海仲裁案仲裁庭对南海仲裁案做出了裁决，裁决结果对中国不利，因而日美，尤其是日本再三向中国施压，要求中国服从这一裁决结果。但聪明的菲律宾总统杜特尔特紧接着就同习近平主席展开了会谈，双方一致决定将这个问题放到两国之间解决。

仲裁庭原本就没有执行权限，领土争端问题应交由国际司法法庭来裁决。说句题外话，仲裁庭虽然全面认同了起诉方菲律宾的主张，但认同的理由是将南沙群岛和黄岩岛的岛礁都视为在法律上无法生成专属经济区的"岩礁"。从这个判决来看，且不说日本的冲之鸟岛和南鸟岛，连竹岛和钓鱼岛恐怕也会被视为"岩礁"。如果日本坚持仲裁庭的判决结果，就要明确意识到自己可能要吞下的恶果。

关于南海问题，2002年东盟各国和中国共同签署了《南海各方行为宣言》。但是这个宣言不具有法律约束力，所以当事国之间有必要通过努力去达成更具法律效力的《南海行为准则》。

中国政府对南海岛屿军事化保持克制。并且，中国政府还提出要将南海作为"共同的庭院"，表示中国与周边各国是命运共同体。

因此，面对所谓的中国威胁，日本只要主张自己的原则立场，慎重地使用政治外交手段去应对，增进理解，通过相互帮助就能缩短双方的距离，而不是通过大幅度提高军事力量，发展核武装走对抗路线。再说日本也没有这么大的财力支持，即使有，也不应该走这条道路。

与其说日本和东亚各国应该担心中国军事实力的增强，

不如说更应该担心中美各自强调对方的威胁，并为了争夺自己的势力范围而让各国选边站队，或是两国确立 G2 中美共治制度，在构建秩序过程中将日本和区域内的中小国家排挤在外。

对此有一种观点认为，为了离间中美关系就要强化日美同盟，编织针对中国的包围网。但这样一来，日本将被迫越来越从属于美国，产生另一个弊端。况且周边国家同中国在经济上相互依存，关系非常密切，没有国家会愿意加入围堵中国的行动。安倍政权——也就是外务省等亲美保守派已经走进了一条死胡同。

何谓朝核威胁

同样的情况还有朝鲜。朝鲜公然研发核武器，为了彰显国威不断进行导弹发射试验。这个"朝鲜威胁"已然成为冷战后日美同盟强化论的一个证据。

朝鲜最关心的是维持现有的国家体制不变，也就是要避免像伊拉克那样因军事入侵而导致体制崩溃。因此朝鲜开发核武器的目的是同美国进行抗争，保持可以同美国进行交涉的能力。但这就意味着朝鲜否定了美国所主导的现行核武器秩序（NPT 体制），挑战了美国在亚洲地区的霸权地位，这是美国难以容忍的。同时，朝鲜的背后还有中国的支持，中国在现阶段并不期望朝鲜的体制崩溃，韩国也反对美国直接攻击朝鲜，美国无法像出兵伊拉克那样简单地采取军事行动。于是这种胶着状态一直持续了20多年，这就是所谓"朝鲜威胁"的实际情况。

在此期间，美国和日本一直对朝鲜采取以经济制裁为主的封锁政策，但是要问这些政策有没有阻止朝鲜开发核武器，应该说几乎没有作用。经济制裁是一把双刃剑，在历史上也很少有经济制裁能够很好奏效的例子。在奉行集权主义并过度强调意识形态的国家，经济制裁反而会激发敌对情绪，促使军备扩张，导致上述的反作用。昭和10年至昭和20年（1935—1945）的日本也曾是这样的国家，在大东亚战争的开战诏书中就记述了开战的理由：列国的经济制裁使日本的生存受到重大威胁，"今为自存自卫计，唯有毅然行动，粉碎一切障碍"。

防卫省花费巨资引入了弹道导弹防御系统（BMD）以对抗朝鲜的威胁，但就目前的军事技术来讲，不可能捕捉全部的导弹并将其完全击落。

说到底，用导弹去击落所有导弹的想法本身就有些牵强。我曾经设想开发激光防御技术。这门技术是用激光将导弹击落，因为激光是光线，不仅可以很容易地捕捉到导弹，还可以连续发射光束，不间断射击，直到击中导弹为止。原则上讲，只要在日本列岛的海岸线上部署好激光防御设施，那就是真正的专守防卫，可以在海岸线将导弹拦截下来。但是，激光防御技术还有诸多课题有待解决，比如光束的输出功率问题，以及天气的影响等，因此尚不能投入使用。

正因如此，也出现了是否应当保有直接攻击敌方导弹发射基地能力的议论，由于朝鲜方面的车载导弹可以自由移动，所以也很难说这样会有效果。不得不承认，这等于说日本没有军事性的对抗手段以阻止朝鲜开发核武器和发射导弹。总之，为了防止朝鲜向日本发射导弹，只能努力去稳定这个地区的国际关系。

朝鲜之所以开发核武器和发射导弹是因为意识到了美国的威胁，而不是为了对日本发动战争。不过，一旦美朝因为某种原因发生冲突，也会诱发朝鲜攻击在日的美军基地。但是假如局势紧张若此，岂止是驻日美军基地，日本各地的核电站首先就会成为朝鲜的攻击目标。那么如此看来，强化日美同盟关系、加深同美国的一体化，并不会使日本更加安全。

对于来自朝鲜的威胁，也同应对来自中国的威胁一样，除了通过外交努力，寻求政治手段去减少威胁之外，别无他法。可是仅仅因为忌惮于美国，就无法同中国和韩国对话的安倍政府，其外交现状确实堪忧。

拥核自立论行不通

拥核自立这条道路对于追求大国梦的"大日本主义"者而言,在战后无论哪个时期都是很有诱惑力的选项,但这个想法却遭到美国的强烈反对。同时,日本作为世界上唯一的原子弹受害国,国民的反核情绪也是拥核自立的一个极大障碍。

不过,特朗普在竞选美国总统时似乎说过劝诱日本发展核武器的言论。日本在签署《核不扩散条约》(NPT)时曾表示:"如果有《日美安保条约》被废止等危及日本安全的事态发生时,也有可能会退出条约。"所以如果美国真要废止《日美安保条约》,日本也有可能选择退出《核不扩散条约》。抑或准许日本在安保条约之下同时拥有核武器,特朗普的真意究竟如何,不得而知。我认为由于美国军方和国务院的强烈反对,特朗普就任总统之后不可能落实他的想法,而他上台后的确适当控制了自己的言论。

特朗普在选举期间对日美安保体系并不十分了解,他相信美日安保对日本而言就像是免费的午餐,日本在美国的核保护伞之下控制了自己的军费,从而得以发展经济,日本是一个狡猾的国家。现在美军依然在军事基地保护着日本,日本要想继续维持这种状态,应当支付更多的军费,否则美国就会撤军，让日本自己出钱承担国防。必要的话，可以让日本发展核武器。这即是特朗普的观点。

所谓用"核保护伞"遏制战争这个论调也是行不通的，东亚共同体研究所理事孙崎享就举过下面的例子。

假设日中由于钓鱼岛等问题陷入战争状态，中国以用核导弹打击名古屋来威胁日本，日本将会请求美国帮助，美国则会以向上海发射核导弹来威胁中国，然后中国会退缩，也就不会向日本发射核导弹，这就是核威慑理论。然而事情不会如此简单。中国可能会向洛杉矶发射核导弹，但美国不会因为钓鱼岛的争端将洛杉矶置于核威胁之下，所以也不会对上海发动核打击。因此，"核保护伞"之说或许只是画饼充饥。可是美国不这么看，美国认为它一直在保护着日本，日本应该感激美国，就这样，把毫无用处的核威慑论强加给日本，很多日本人囫囵吞枣地接受了这一理论，这也成为信仰日美同盟的一个原因。

但是，假如特朗普总统真的准许日本和韩国拥核，也就意味着美国将主动破坏自己提出来的NPT体制。

NPT体制诞生于20世纪60年代后半叶，是为了阻止已经成为经济大国的日本和西德发展核武器而创造出来的。NPT规定只有二战中的五大战胜国可以拥有核武器，其他国家则不被允许。这是一个不平等条约，因此在当时的日本国内也引起了很大争议。签署NPT的国家有进行核裁军的义务,但拥核国家不可能遵守这个约定切实推行核裁军。之后,没有签署 NPT 的印度、巴基斯坦相继成为核国家,朝鲜宣布退出条约也成为核国家。以色列没有正式公布,但据说也已经是核国家。虽然 NPT 体制并不完善,包括日本在内的非核国家都对这一体制不满,但总体而言,NPT 为防止无限制的核扩散发挥了一定作用。

如果唯一被原子弹轰炸过的国家——日本也迈向了拥核之路,将会给国际社会带来巨大的冲击,一定会招致邻国的核军备竞赛。为了对抗朝鲜的核威慑,韩国内部拥核论已经抬头。而且,战后一直以无核化世界为诉求的日本政府如果改变自己的立场,一定无法得到国民的理解。日本不应该冒着引起国际摩擦,以及导致国内舆论分裂的风险而选择拥核道路。在找到其他恰当的废除核武器的框架之前,只能在 NPT 体制之下倡导核裁军,对此,日本理应发挥领导作用。

2016 年 10 月,联合国大会第一委员会以多数赞成通过了自 2017 年起开始"禁止核武器条约"谈判的决议,日本和一些拥核国家均投了反对票。这个决议是建立国际性的、禁止核武器的法律框架的第一步,以加速推进无核化进程。但美国认为这会对其"核保护伞"的威慑力带来不利影响,因而表示强烈反对,而身处美国的"核保护伞"之下的日本,自然唯美国马首是瞻。如前所述,"核保护伞"就像是画出来的一张饼,实际并不存在,即便如此,岸田外相依然以"会加剧核国家和非核国家的对立"为由,表示反对。唯一的核战争受害国日本做出这样胆怯的反应,根本不可能起到消除核武器的领导作用,不能不说是非常令人遗憾且可耻的事情。

不可能改变专守防卫的国策

不少人呼吁,为了对抗中国的军事威胁,日本应当配备航母等重型攻击性武器。这意味着日本专守防卫国策的巨大转变,需要下相当大的决心。为此,有必要弄清楚它对日本的政治和经济将会产生什么样的影响。

首先,它需要巨额的军费开支。日本的军费为 5 万亿日元,占 GDP 的 1% 左右。据称中国的军费大约为 17 万亿日元,日本即使将军费再增加两倍也不及中国。而为了提高军费,就必须将消费税再提高 5% 左右,并做好将其全部投入军费的准备。

这也就意味着日本将陷入军事凯恩斯主义。它将一改战后一直以民需为中心的经济结构,迫使经济财政转而依靠军需。从事与军事相关的公共事业的人员会增加,从而进一步扩大日本军费的数额。如同建造大坝和核电站,一旦开始就难以收场,日本将不可避免地从以土木建设为基础的国家转变成以军事建设为主的国家。

比起把成为重型武装国家当作发展目标，更为严重的是，日本对于"日本想要成为怎样的国家"这一问题的认识极其暧昧。中国在大力发展航母，所以为了不被中国看低，日本也应该拥有航母，这样的想法只能算是一种意气用事，是在发泄大日本帝国主义的情绪而已。日本海域的防卫，有防空自卫队的战斗机就足够了，除非像美国那样远渡重洋，以世界警察的身份去干预世界纷争，必须依靠航母。日本想要成为这样的国家吗？好吧，那就必须修改宪法。

那么，日本是想取代逐渐衰落的美国，同中国争夺地区霸主的地位吗？果真卷入这场争斗，短时间内不会结束。而日本已经进入老龄化社会，连给老人发放退休金都是问题，真有这样的财力支撑吗？务必冷静，三思而行。

毋庸置疑，日本越是走重型武装路线，中国越会相应地提高军事力量，这会加剧日中关系的紧张程度。

安倍首相似乎有意重新评估武器出口三原则，并用进一步强化军事研究来对抗中国的威胁，因此不能保证他在之后不会重塑重型武器装备的国家。但是，日本想要再次走上过去的老路，是万万不可行的。

日俄战争之后，日本一方面将俄罗斯作为陆路的假想敌，另一方面将美国作为海上的假想敌，深陷于军备扩张竞争之中。结果，巨额的军事开支给脆弱的经济带来了大幅的财政赤字，战争不可避免地发生了。且不说战争行为的非人道，无论是从战争带来的经济负担，还是从难以取得国民认同的角度看，改变战后专守防卫的国家方针都是坚决不可取的。

中国的崛起即亚洲的崛起

如果仅从军事层面来看待中国的崛起是狭隘的、错误的，中国崛起对日本经济而言，意义非同小可。

自第一次世界大战结束之后的一百多年间，再也没有出现过在经济规模上能够凌驾于美国之上的国家。然而不远的将来，中国在经济上超过美国几乎没有什么悬念，连美国人都如此认为。令人不解的是，只有日本人不相信中国在经济上超越美国的时代会到来，这其中肯定有日本人的主观因素，不希望中国超过美国。事实上，在中国成为经济大国的过程中，相应地会增强以日本为首的亚洲国家之间的经济相互依存程度，这一点尤为重要，就是说，"中国经济的崛起"也一定是"亚洲经济的崛起"。

日本的贸易结构在中国经济的高速增长过程中发生了戏剧性的变化。在日美贸易剧烈摩擦的20世纪80年代，日本对美国的出口比率占到出口总额的40%，现在降到12%左右；相反，对华出口从3%左右扩大到20%，对亚洲出口达到54%。在泡沫经济破裂后的二十几年中，日本得益于亚洲经济的一体化，勉强维持着经济发展。

在过去四分之一世纪的时间里，日本生产着诸如精密仪器、高科技材料以及高级生产设备等高水平的产品资料，韩国和东盟各国用这些资料制成元件，最终由中国等国家来组装完成，东亚各国一直在进行着这种相互间的分工合作。一部分财界人士甚至认为东亚市场已经是内需圈，这种看法非常自然。

显而易见，东亚各国已然在经济上形成了"命运共同体"。我对日本书店内充斥的宣扬"中国经济崩溃"的反华、厌华图书非常反感，这些观点愚蠢至极。如果中国经济崩溃了，日本和亚洲各国也会遭受不可估量的损失。

当然，中国经济的确存在着这样或那样的结构上的问题，也潜伏着导致增速放缓的不利因素。假如中国经济崩溃当真发生了，不仅日本，全世界都可能陷入比雷曼危机更大的恐慌之中。因此，为了使中国从经济快速发展阶段向经济稳定发展阶段软着陆，日本应该做出自己的努力。这也是我就任 AIIB 国际咨询委员的一个原因。

中等规模国家的烦恼

冷战结束后，中国经济的快速发展给以日本为首的亚洲各国带来了丰厚的利益，而中国在亚洲的存在感越来越强，这是需要另当思考的一个问题。

伴随着以东盟国家为主的亚洲各国同中国经济的相互依存关系日渐加深,这个地区对中国的亲密程度也在加深。中国没有使用军事力量,也没有露骨地给这些国家施加压力,而是通过贸易巧妙地利用外交不断扩大其影响力,这一趋势在今后一个时期内仍将会持续下去。

这意味着不论中国有无意愿,事实上它已经成为地区内的霸权国家,这与和平且民主的德国在欧盟内因为有着突出的经济实力而被视作霸权国家,继而引起周边国家警惕的命运大同小异。

由此可以看出作为中等国家的烦恼。一方面,小国可以积极地选择成为中华圈的一员,也确实有国家这样做;另一方面,像日本、韩国、菲律宾和澳大利亚这样同美国有同盟关系的国家,在军事上依靠美国,在经济上依靠中国,夹在两国之间。与美国军事关系相对薄弱的越南、印度尼西亚和马来西亚也是如此。对于中等规模国家而言,如何在中美两国之间做到政治上和经济上自立,这的确值得深入研究。

美国所创造的全球化时代即将终结,亚洲大陆乃至欧亚大陆的国家面临着一个新课题,即如何应对大中华圈这个新型的全球化。如上一章所述,假使把"自立"作为主权国家的根本,而这个国家不能很好地应对这一问题的话,总有一天会出现分裂的危机,这正是本书最重要的主题——在日益弱化的美国霸权同正在崛起的中国之间,日本拥有可供选择的自主道路吗?

日美同盟强化论的陷阱

平成25年(2013)12月,安倍政府在内阁会议上通过了《国家安全保障战略》。内容姑且不论,文件明确指出了安倍政权外交防卫的方向。《国家安全保障战略》取代了日本已经坚持55年的"国防基本方针"。"国防基本方针"只有8行,可谓简洁明了。开头部分是"支持联合国的活动,重视国际间的协调,以期实现世界和平",强调了对联合国的重视;结尾部分是"面对外部的侵略,在将来联合国能够有效发挥阻止外来侵略的作用之前,坚持以同美国的安全保障体制为基础加以应对"。该方针将日美安保体制限定在了联合国的集体安全保障功能发挥作用之前。

在确定《国防基本方针》的昭和32年(1957)5月,石桥首相因病辞职。由于除了首相之外其余内阁成员全部留任,岸信介内阁又成立不久,所以日本政府沿袭了鸠山、石桥政权的自主外交的基本方针。

平成25年(2013)11月,"国家安全保障会议"相关法案出台,法案的事务局——"国家安全保障局"也随之诞生。局长由前外务省事务次官谷内正太郎担任,履行推进全球化的日本外务省的别动队的职能,该局所制定的《国家安全保障战略》体现出了极其浓厚的亲美色彩。

相比于《国防基本方针》,这个《国家安全保障战略》长达 34 页,内容也晦涩难懂。虽然文中处处可见"基于国际协调的积极和平主义",但这句话的定义非常暧昧,令人费解。国际协调主义,也就是联合国等多边主义经常会与日美同盟关系产生矛盾,这是冷战后日本和世界各国常常面临的现实问题。本来国际协调主义的意思是联合国等多边协调,但从《国家安全保障战略》的全文来判断,此处的"国际协调主义"仅指同美国的协调,"积极的和平主义"是指积极协助美国的世界战略,并有所行动。文中明确表示要"重新评估《日美防卫合作指针》",可事实上,之后这部分内容被修改,直至又修改了宪法解释,允许解禁集体自卫权。

约翰·加尔通博士曾经定义过"积极的和平主义"这一概念,意思和上文完全相左。"积极的和平主义"的正确意思是:不单指没有战争的状态,而是要消除引发战争和纷争的原因——贫困、歧视、践踏人权。安倍首相的主旨是积极协助美国的全球战略,甚至不惜行使集体自卫权,却使用了"积极的和平主义"的说法,因此遭到加尔通博士的严厉批判,他谴责安倍首相"错用、盗用"了自己的积极和平主义理论。

更有甚者，在"国家安全保障的目标"一项中，明确表示要"强化威慑力"，"强化日美同盟"以达到"强化基于普世价值与规则制度的国际秩序，发挥解决纷争的主导作用"。在"安全保障课题"一项中特别提到"中国快速崛起，并积极地进入各种领域"，在"安全保障的战略步骤"项目中抛出了"通过团结同日本一样尊重包括自由、民主主义、女性权利在内的基本人权，具有推行法制等普世价值观的国家，开展对全球课题有贡献的外交"，也就是所谓的"价值观外交"。这可以理解为，日本通过与美国为首的价值观相同的国家展开合作，对抗中国军事崛起，编织对中国的包围网。

"价值观外交"绝不可取

价值观同情感的好恶只是一纸之隔，喜好相同，价值观就相同。如果用感情的好恶决定和各国的关系，难免会使国家利益受损。我认为安倍政权的"价值观外交"实则是"厌华外交"的另一种说法，我担心他过多地只从牵制中国的观点出发而制定外交政策。

仅仅从军事威胁的角度去看待并应对中国的崛起是错误的。各国对中国的看法各不相同。地理位置相距中国较远的欧盟各国用"经济合理主义思想"来处理对华关系，只考虑如何将中国的巨大市场同本国的经济发展挂钩。英国不顾美国的反对加入了 AIIB；中德定期举行首脑会谈，中德的贸易取得了飞跃性的发展……原本应当"共享普世价值"的它们完全没有将中国视为威胁。

对以东盟为首的亚洲各国而言，不管是相对美国主导的世界秩序（Pax Americana），还是中国主导的世界秩序（Pax Sinica），国家利益或者实际利益更为重要，所以不会用理念来做出选择。杜特尔特总统所带领的菲律宾就是很好的例子，安倍政权的"价值观外交"徒劳无功也是因为如此。日本本打算拉动价值观相同的国家一起构筑"自由和繁荣之弧"来包围中国，结果反倒被孤立了。

将价值观代入外交，特别是对中等规模国家而言，不是一件好事情。它是以西欧文明为基础的普世价值观，不应该是单方面强加给处在不同的文明、宗教、发展阶段的国家的规范。特别是如果要求非西欧文明的强者——伊斯兰世界的国家去套用这个规范的话，肯定会出问题，而外交的要义就在于如何巧妙地同价值观不同的国家交流交往，如何去达到"共存"。

美国自从特朗普总统上台后，就一直宣称要转变外交理念，"实际利益大于价值观"，"贸易通商胜过理念"。在多极化时代，只有日本在提倡价值观外交，这是有百害而无一利的。

我之所以对安倍政权的《国家安全保障战略》感到强烈

不满，是因为它不仅没有理所当然地去考虑缩小美军基地、修改日美地位协定，反而强调"作为国际社会主要成员要发挥更加积极的作用"，"实现安理会改革，使日本进入联合国常任理事国"，鲜明地表示出日本要成为政治大国的志向。不得不说这是被大日本帝国主义所禁锢了的、偏颇的国家战略。诚如我在本书第一章中所论述的那样，"一边强化日美同盟关系，一边以政治大国为目标"，"在从属于美国的基础上，以进入联合国常任理事国为目标"，安倍所采取的这条政策的矛盾正在日益扩大，破绽百出。

冲绳基地问题是亲美保守路线的阴暗面

为什么《国家安全保障战略》中没有提及基地问题呢？这是因为《国家安全保障战略》所设定的以强化日美同盟从而成为大国的路线，只有在以驻日美军基地永久化，特别是在由冲绳承担过重的基地负担固定化的前提下才有可能实现。因此把冲绳基地问题称作亲美保守路线的阴暗面并不过分。《国家安全保障战略》的制定是基于这样一种意识，即将美军基地的永久化和固定化有利于日本；改变现状将会危及日美同盟，弊大于利。

放眼世界历史，外国军队常驻的例子绝无仅有。像横田空域[1]那样，在首都的广大范围内没有自己的主权，却允许外国军队在此建立基地，这绝对是非正常状态。在世界上与美国有同盟关系的国家达数十个，但允许驻扎上万名美军的只有战败国日本、德国、意大利和曾是日本殖民地的韩国。对于独立国家而言，"无驻军安保"才是自然形态。而德国和意大利均已修改了地位协定，同日本相比，已是具有很强自主性的国家。

尤其是冲绳，被占领时代似乎依然在延续。冲绳曾经是战胜国——美国最大的既得利益，冲绳美军基地的70%归属于美国海军陆战队使用。当年在冲绳战役中，美国海军陆战队牺牲了几万名士兵才占领冲绳，因此他们认为冲绳理应归他们所有。这种意识始终不曾改变，不仅支配了美国的国防部，也左右了美国国务院。

海军陆战队驻扎冲绳并非为了日本的防卫，而是为了第七舰队的远征而待命。美军没有任何军事理由必须把基地设在冲绳，只能解释成是为了遏制中国。为了强调这个威慑力的重要性，就要不断夸大中国的威胁，就此陷入了一个恶性循环。

在普天间机场迁出冲绳的努力触礁时，我也曾表示说为

---

[1] 处于美军管制之下的一都八县的空域，日本不拥有该空域主权。

了保留威慑力，不得不同意将基地移到边野古，这一言论引发了民众的批评。我当时不应该轻率地使用"威慑力"这个概念，对此我要进行反省。

从军事上来讲，美军也不想把海军陆战队驻扎在位于中国中程弹道导弹射程之内的冲绳，但对于财政困难的美国军方而言，相比于将海军陆战队迁移至夏威夷或者关岛，继续留在"体贴预算"十分优厚的日本更加划算，所以美军也想维持现状。

对琉球民族倾向的包容

佐藤首相曾说："冲绳不返还，战后状态就不会结束。"而我认为，"如果冲绳的基地问题得不到解决，战后状态就不会结束"。

我每次去冲绳都会有这种深刻的感觉，要使日本获得真正意义上的独立，不论花费多少时间，都要使美军基地撤离日本，特别是撤离冲绳。为了实现这一目标，作为过渡阶段，可以实行"无驻军安保"，即日常没有美军驻扎，一旦有情况发生，日本会请求美军支援，并允许美军使用自卫队基地。并且，在如何实现这一目标上，我的考虑是：因为普天间机场可谓世界上最危险的机场，它的搬迁是最紧要的问题，但不可以在冲绳县内选定搬迁地点，"至少要搬到县外，最好是国外"，必须努力促成这一目标的实现。

以"至少要搬出县外"为主旨的内容已经写入民主党的《冲绳展望》中，但在政权交替时并没有明确地写入民主党政权公约之中。民主党内有人批评说"至少要搬出县外"的言论有些过分，因此政权交替之后，我们难以得到民主党和阁僚的全面支持。

更重要的是，因为我能力有限和失误，加之政权内部的分歧，直到最后亲美保守派官僚也没有同我们展开合作，因此基地搬迁的目标最终没能实现。作为政治家的我要做出深刻的反省。

直到明治5年（1872），冲绳才开始成为日本的一部分，在此之前，冲绳只是日本的一个殖民地。近年来，苏格兰的独立运动成为人们热议的话题。苏格兰在1707年被英国吞并，换算成日本的年号，就是宝永4年（德川纲吉在位时期），冲绳成为日本的一部分要比这个时间晚得多。在那之前，冲绳王国已经存在了400多年。冲绳拥有与其他都道府县完全不同的独特历史和文化，却被近代日本所禁锢和同化，不论是在战争期间还是在战后，冲绳一直在为日本本土做牺牲。有人将此概括为"琉球民族倾向"。

不过分地说，近代日本的冲绳政策实际上是遏制"琉球民族倾向"，并将其向"日本民族倾向"同化的过程。冲绳返还之后，历代自民党政权都竭力遏制"琉球民族倾向"。

不触动美国的既得利益，却极力压制冲绳的不满，这即是日本政府冲绳政策的本质。我虽然势单力薄，但不会遏制"琉球民族倾向"，而是立志要与"琉球民族倾向"达到共存。

有人批判说鸠山内阁在普天间基地搬迁问题上遭遇挫折，给了冲绳的反对基地运动以正当的理由，产生了无法挽回的政治影响。普天间基地的搬迁问题确实导致了解放"琉球民族倾向"这一结果，这对将日美关系视为神圣的亲美保守派而言，是天大的麻烦，这违背了他们所考虑的国家利益，站在他们的立场，我算是个卖国贼了吧。但是也有人仗义执言，指出普天间基地的搬迁问题从侧面揭示了日本存在的重要矛盾。

这件事只能交由历史去做判断，我所解放的"琉球民族倾向"揭露了对美从属政治的不作为，我也会始终怀着赞叹和敬意，关注冲绳民众勇敢地发起挑战，去打破日本保守的现状。

跟风支持对伊拉克动武

强化日美同盟路线引发了很多矛盾，如果说国内的矛盾爆发现场是冲绳的话，那么国际的矛盾爆发现场就是中东。

导致"伊斯兰国"猖獗以及中东地区混乱的直接诱因就是伊拉克战争。本来日本可以在吸取伊拉克战争失败教训的基础上，制定今后的外交防卫政策，但是日本对伊拉克战争的失败既没有去考证，也没有进行反思。

美国发起伊拉克战争是为了消灭萨达姆·侯赛因。小布什总统宣称"伊拉克藏有大规模杀伤性武器，这决不能允许"，但之后证实伊拉克并没有所谓的"大规模杀伤性武器"，美国和英国都对根据错误情报发动的伊拉克战争进行了彻底的调查，并表示了道歉。

当时，我和民主党都强烈反对伊拉克战争，并明确向小泉首相提出意见。在党首讨论时，民主党的冈田代表质问小泉首相："《伊拉克特措法》中对非战斗区域的定义是什么？"小泉首相支支吾吾地回答道："或许自卫队活动的区域就是非战斗地区。"这一幕让我至今记忆犹新。

在美国国内，以参议院议员奥巴马为代表的很多人提出了反对意见。美国的盟友们意见也不统一。开战时主要国家的态度是：英国同美国共同参战，法国、德国、加拿大表示反对，俄罗斯、中国也表示反对。对于这场不论是在美国国内还是在世界上都有很多争议的战争，日本为什么轻率地表示支持并协助呢？

对于这场战争，不论是首要当事国美国，还是极力支持的英国，事后都由第三方委员会做了彻底的调查。小布什总统和布莱尔首相受到传唤，生成了内容庞杂的报告书，也由此曝光了自身的许多错误。

但是，日本却完全没有对伊拉克战争进行认真的调查论证。民主党执政时，外务省在伊拉克战争调查议员联盟的参与下，做出的调查报告概要在平成24年（2012）大选刚一结束，于12月21日快速发表。外务省表示说"这并非对日本政府支持美英等国行使武力正确与否的调查"，并且只公开了四页概要，而全文则因为"有损害同各国的信赖关系之虞"不予公开。

美国的调查以公开、透明为宗旨，报告书厚达500页，极其详细，与此相比，不得不说日本的应对失之草率。这样不充分的调查结果都不公开，真正的理由恐怕是因为害怕牵扯到相关人员的责任问题吧。

对此，只有在政策决定过程中负责事务工作的前内阁官房副长官助理柳泽协二在离任后出版的回想录《检证：官邸的伊拉克战争》一书中，承认了支持攻击伊拉克是一个错误的决定。柳泽协二深刻反省了当时日本将"支持日美同盟"作为自身选择的目的，是维持日美同盟，所以只能支持对伊拉克开战，这是日本跟风做出的决定，并谈道："（向伊拉克派遣自卫队）本应是在美国主导的世界里，通过与美国的合作提高日本国际威信的绝好机会，但是小泉政权加入联合国常任理事国受挫，现在'美国主导的世界'已成为过去时。总体而言，日本支持伊拉克战争没有得到'相当的益处'。"柳泽还向我感慨道："海湾战争时，因为日本只出钱未派兵而没有得到认可,因而给日本留下了心理创伤。美国也对日本有'Boots on the ground'(派遣地面部队)的要求,所以日本想方设法地实现了派遣自卫队。"原本期待能大有收益,实际上并没有得到多少好处。

总之,可以说通过推进外交防卫政策上同美国一体化,从而提高日本的国际地位,进而成为联合国常任理事国,这一"通过从属于美国成为政治大国的路线"以失败而告终。只要日本认真地对伊拉克战争进行调查,理所当然会得出这一结论。这将是全体日本人民的反省,意味着将引导日本走上探寻新的"国家形象"的道路。

遗憾的是,日本不善于对战争做总结,所以在日俄战争和大东亚战争方面备受指责。但日本人参与的最近的一次战争就是伊拉克战争了,我们必须对我们参与的同时代的这一战争进行认真的总结。在日俄战争和大东亚战争之后,日本已经养成了不进行彻底的全国性调查的惰性,这个惰性的一大象征就是安倍政权的《国家安全保障战略》,为了进一步强化日美同盟,安倍走上了修改宪法解释,允许日本行使集体自卫权的道路。

切勿深度介入中东乱局

安倍政权在审议安保法的过程中,举了一个行使集体自卫权的例子，就是向霍尔木兹海峡派遣扫雷艇。但是伊朗大使明确否定了伊朗封锁霍尔木兹海峡的可能性，于是安倍政权匆忙将矛头转向中国。《阿米蒂奇报告》也提到日本向被封锁的霍尔木兹海峡派遣扫雷艇。美国的对日政策制定者要求当美国在中东发生战争时，日本可行使集体自卫权，协助美国作战。

有相当多的日本人似乎对钓鱼岛适用于《日美安保条约》第五条这句话存在误解，即使日本因为钓鱼岛发生对华战争，美国也不会前来助阵。修改后的《日美防卫指针》规定，离岛的防卫由自卫队负责。并且美军出动也需要获得国会的批准，而首先美国议会是不会同意中美因为钓鱼岛问题发生战争的。

自卫队行使集体自卫权，出兵到霍尔木兹海峡，意味着美国和伊朗进入战争状态。以色列一直反对伊朗开发核武器，甚至公开表明不惜动用武力。所以一旦战争爆发，很难断定美国不会攻击伊朗。新保守主义支持的小布什政府将美国拉入中东战争的泥潭，奥巴马为了摆脱战争泥潭颇费了一番精力，最终和伊朗共同找到了停止开发核能的妥协办法，我本人非常感谢奥巴马为此做出的努力。但是特朗普却对奥巴马政权时的伊朗政策持批判态度，一再做出亲以色列的举动。

特朗普总统可能真的会依照公约将美国驻以色列大使馆

搬迁到耶路撒冷,这与以"积极的和平主义"为前提的"国际协调主义"背道而驰。以色列通过第三次中东战争完全占领了耶路撒冷,随后宣称将耶路撒冷作为其永久的首都,请求各国将大使馆迁往耶路撒冷。但这违反了联合国在承认以色列建国时的决定,因此没有任何一个国家对这一请求做出回应。如果特朗普在搬迁大使馆问题上一意孤行,将会使中东陷入无可挽回的混乱局面,加剧国际恐怖形势,或者引发新的战争。到那时,安倍政权的"积极和平主义"所基于的"国际协调主义"的"国际"会面临严峻的考验。试问:这究竟是日美两国间的国际主义,还是以联合国为中心的多边主义?

在中东,存在着诸多对立因素,错综复杂,由来已久,既有犹太—基督教文明与伊斯兰教文明的对立,也有伊斯兰教内部的什叶派和逊尼派的对立,还有无解的巴勒斯坦问题,以及核国家以色列和潜在有核国家伊朗的对立等。在此背景下,宗教纷争和恐怖主义已成常态。日本提出"基于国际协调的积极外交和平主义",即使和"享有同样的自由、民主主义、人权、法治等普世价值观的国家"一起搅入这个地区的事务中,也于事无补,丝毫解决不了问题。

切勿深度介入中东乱局,保持这样的姿态有助于日本的安全,这绝不是利己主义的想法。对于国家而言,理应将国民的安宁放在首位。日本既不曾在中东拥有殖民地,也同三大宗教之间的斗争没有任何瓜葛。在这一点上，日本明显同欧美各国的历史立场不同。

通过对伊拉克战争的反思，我们可以得出结论：日本需要下决心不再参与美国在中东地区进行的战争。"伊斯兰国"今后会有什么样的行动，特朗普政权又会怎样应对，很多事情难以预料。即使特朗普总统宣称要消灭"伊斯兰国"，并为此发动战争，日本也不应该加入。也就是说，日本无论如何要确立摆脱从属于美国的理念。

能否摆脱"大日本主义"

综上所述，我们所讨论的话题就是，今后日本将以成为什么样的国家作为目标？为了成为那样的国家，该如何改变军事和同盟的关系？日本应该有一个理想的国家目标，并且应该思考成为这样国家的手段，也就是什么样的军事和同盟关系。

从大的方面来讲，有两条路可供选择：一条是同以前的大日本帝国的想法一样，以政治大国（great power）为目标；另一条是摆脱大日本帝国主义，作为一个中等规模国家（middle power），走一条全新的道路。

"大日本主义"道路的发展趋势，是不可避免地要拼尽全力同正在发展的中国争夺地区霸主的地位。

其手段之一是进一步强化日美同盟，同美国结成一体，为维护世界秩序做贡献，支撑在亚洲逐渐弱化的美国霸权，努力编织对中国的包围网。这是现在的安倍政权以及支持安倍政权的亲美保守官僚势力所走的路线。

沿着这条路线走下去，日本对美国的从属会达到极限，将完全失去作为一个国家的自主权。驻日美军基地将会永久存在，日本被迫追随美国参加在中东等地区的战争，朝着与自身意志相反的方向渐行渐远。日本非但无法成为政治大国，反倒越来越像个附属国家。美国想要为维持世界秩序而采取的行动，从伊拉克和阿富汗的例子便可见一斑，其结果是加重了世界混乱不堪的局势。即便如此，日本也必须以同美国合作为指导方针。难道这真的是日本应该走的道路吗？

"大日本主义"的另一个手段是，通过持有核武器和航空母舰等重型武装，走上以自主国家为目标的道路。这就意味着日本必须冲锋在前，去破坏 NPT 体制，给韩国等近邻带来核竞争，这样反而会损害日本以及东亚地区的安全。即便不如此，韩国国内拥核的舆论声浪也在日渐强大，所以实际上，日本是在推动韩国发展核武器，韩国无疑也会成为拥核国家。此外，日本财政需要承受巨大的负担，无疑会大量增加税收，既压迫了民众生活，也削弱了作为政治大国基础的国民经济。

国际摩擦和巨大的财政支出是这条路线最大的障碍，但更本质的问题是这等于全盘否定战后日本一直坚持的国际协调主义与和平主义，以及国民福祉优先于军事的国家方针，归根结底是无法得到国民的赞同。强化军事实力原本应是一个为了达到自立所采取的手段，却很有可能变成日本的目的。

不得不说在时代环境变化的过程中，建立在"大日本主义"想法上的大国化路线已经是一个幻想。强化日美同盟的大国志向，还有通过拥有重型武装实现自主的大国志向都与时代不相适应。如果我们能冷静地判断日本现在和将来的国力，很明显，摆在日本面前的出路只有一个，即"摆脱'大日本主义'"的国家构想。

日本经济占世界经济的比重正在缩小。曾经其GDP一直在世界排名第二，巅峰时期占据世界GDP总量的18%，现在则降到了6%。人口减少的趋势和巨额的财政赤字反映出日本的国力已到了极限。

自本世纪前10年开始，中国取代日本成为仅次于美国的世界第二大经济体，GDP占到世界的20%。而在2000年前后GDP曾占世界35%的美国，现在的占比则下降到25%。可以预测，在不久的将来，中国的经济总量将超过美国。

如同保罗·肯尼迪在《大国的兴衰》一书中所描述的那样，经济实力的变化带来了国家间力量关系的变化，可能迟早会带来霸权的更替。但是，从军事意义上讲，暂时还不会出现中美霸权的全面更替。美国在军事上占据很大优势,例如美国有 11 艘航母,而中国只有 1 艘。也有人说拥有 1 艘航母也是威胁,但从全球海洋霸权来看,美国占据的压倒性优势地位不会改变。

所以说,如果是以努力脱离从属关系为前提,维持同统治世界海洋的美国之间的相互协作这一日本战后外交的基本方针,我没有异议。事实上中国海军也在和美国海军进行联合军演,因此日本保持和美国之间的合作应该也不会刺激中国。即使是中国有深入远洋的意愿,也不会妨碍日本的通商自由。更重要的是,当今的中国是一个对出口依赖程度高达 25% 的贸易国家,日本对出口的依存度为 15%,所以中国的贸易国家色彩比日本还要浓厚,也就是说,中国和日本一样都期待一个和平且安定的海洋。

如何面对中华文明复兴

仅从经济的角度讲,中国对东亚地区的影响越来越大是不争的事实。包括日本在内,对华贸易几乎占据了所有亚洲国家贸易结构的首位。日本贸易对象的市场占有率分别是:中国(含香港)25%,美国 16%,亲美的韩国、越南、菲律宾、澳大利亚的情况也都类似。这虽然可以说是拥有巨大人口优势的中国经济快速发展所带来的自然现象,但中国的政治影响力也随之扩大,并将中国推上了地区霸主的地位。

可以说,亚洲大中华圈的建立是历史发展的必然,换言之,这是中华文明的复活。美国也是如此。大体量的文明都是任性且利己的,过于主张自己价值的普世性,会让其他人感到难以相处。

从宏观的角度讲,中国的发展其实并非安倍所看到的一个个军事威胁,而应站在亚洲文明的层面来看待中国的复兴。用亨廷顿的话来说,日本是一个特殊的例子,一个国家构筑了一种文明。在近代之前一直吸收中华文明,维新之后吸收西欧文明,没有被这些文明完全同化,既非东洋也非西洋,形成了自己虽小却独特的文明。中国作为一个巨大的文化圈的发祥地正走在复兴的路上,而"作为一种文明的日本"该如何去保全自己的独特性,这或许才是中国崛起对于日本的真正含义。

威慑力的陷阱

"威胁"既具有主观性,也具有相对性。在冷战时期,无人不谈苏联的威胁。但如今,即便俄罗斯依然是拥有核武器的军事大国,在日本鼓噪俄罗斯威胁论的人却没有那么多了,自卫队也不再防备俄罗斯会进攻北海道。这便是日本人在主观上对俄罗斯的看法产生变化的结果。而在韩国,却有总统候选人主张"日本是最大的军事威胁",这种说法让普通日本人都感到是夸大其词。

类似这样的威胁,即是时大时小的主观感觉。一方面,虽说军备取决于对威胁大小的预判,但这个判断来自政治层面,不能由军事官员来给出。另一方面,历史上也不乏"政治倾向"被狂热的民粹主义和民族主义所支配,从而导致判断失误酿成大祸的惨痛教训。

战后日本的政治方针,是基于宪法所规定的和平主义、国际协调主义而制定的,在总体上对"威胁的预判"起到了抑制作用。而现在却出现了民粹主义和民族主义膨胀的现象,与军事家们相比,政治家们对威胁的预估要高得多,甚至有可能寻求军事力量的过度扩张。

战后日本在制订防卫计划大纲的过程中,"必要防卫方针"和"基本防卫方针"曾一度对立。在决定必要军力规模时,对对手威胁程度的评估不同,得出的结论自然也会不同,这也是把分析重点放在对方的"意图"上还是"能力"上而导致的不同。

意图是具有主观性且善变的,必要防卫方针主张应根据对方军力的实际情况,准备能与之抗衡的军事力量。

与此相对,始终抱着"要比对方军力更强"的目标,便会无限扩张自己的军力,促使对方相应地展开军备竞赛。因此,基本防卫方针主张应着重于对手的意图,降低威胁,保证最低限度的"抵抗力"。

也就是说，基本防卫方针重视政治和外交，必要防卫方针忽视政治和外交，而重视军事合理主义。

基本防卫方针是在三木内阁时代，由防卫厅的文职官员[1]为取代当时的必要防卫方针而制定的，可谓日本所独有。这一理论延续了40余年，尽管一直受到自卫队高层和热衷军事的政治家们的贬损。

但是，近年来随着安保条约的解释范围不断扩大，防卫计划大纲已转变为"机动防卫方针"。这是在我辞职之后，重蹈亲美保守路线的菅直人内阁所为。有批评指出，此为必要防卫方针的回归，可以说，是以"应对中国威胁"为名，实则为支援美国军事行动而做的修改。

战前的日本，是个一面防备美国崛起，一面和苏联共产主义对抗，同时也与中国民族主义为敌的国家，为了应对各种威胁而采取优先发展军事的方针。曾任旧日军大本营参谋的濑岛龙三在回忆录《大东亚战争的真相》中谈道："虽说明治以后，日本海军将美国作为假想敌来扩展军力，但其实并非真把美国作为假想敌，只是找个扩军的借口罢了。没想到的是，后来真和美国开战了。"然而，"为了防止战争的军备，反而成了促进战争的军备，这是军备所具有的惯性使

---

[1] 内局官员。

然。(将美国作为假想敌)的日本海军也终究走上了这条不归路"。

既要面对中国的威胁,又要应付朝鲜的挑衅,还要打击伊斯兰激进分子的恐怖活动,如此继续推行优先发展军事的方针,恐怕还会重蹈为了防止战争的军备,反而成为促进战争的军备的覆辙。

无论是在世界还是在日本,那些高喊"振兴图强"之类的口号,并以此来煽动民众的民族主义情绪的政治家越来越得势。由于强化自身的军力会促使对方紧张,这种紧张又会导致高估对方的威胁,步步为营,不断强化军力,就此陷入威慑力的陷阱。现在需要的是避免被军部、那些试图改变现状的官员以及右翼政治家牵着鼻子走,从而不必要地扩充军备,让昭和战前的历史重演;需要的是继承战后的国际协调主义,构建克服民族主义的防卫方针。

贯彻防卫性战略的决心

如果在政治上能使钓鱼岛问题稳定下来,那么中国的威胁就会降低很多。只要日本不采取强硬政策,这是可以实现的。就像以前政府和媒体都能接受的,中日邦交正常化时(1972)田中角荣首相和周恩来总理达成的默契,"将钓鱼岛问题先暂时放下"。回归这一默契,对日本而言也是有百利而无一害。

对于中国和其他国家的领土纷争问题，虽说我们要冷静地倡导"遵守国际法"原则，但是出动自卫队舰艇，向相关国家提供扫雷艇和巡逻船这种行为，只会让中国感到明显的敌对行为，不可为之。

至于南海的领土争端，如上文所述，当事国之间也有制定具备法律约束力的南海行动准则的打算，日本非但不应介入，反倒应该支持当事国之间的这种努力。日本不应当为了煽动"中国威胁论"而介入其中自找麻烦，不介入他国的领土纷争是日本的基本原则。日本一旦介入南海领土纷争，为保持自己立场的一贯性，也势必要介入亚洲其他国家的一切领土问题。这既不可能，也不可为。美国在北方领土、竹岛和钓鱼岛问题上公开表示中立。有关他国领土问题的纷争，即便是超级大国也会保持审慎的态度。

我个人的观点与以前的"基本防卫方针"相近。通过政治上的努力，影响对方国家意志，从而降低威胁。同时自卫队军力保持在守护国土安全的最小限度，具备应对小规模突发攻击事件的"抵抗力"即可。威慑力做到如此便足够了，我认为这也是"摆脱'大日本主义'"最合适的防卫方针。即是说，今后也要将日本战后实行的防卫性战略贯彻到底。

日本如果无视防守性战略的制约而不断扩军，继续加强日美同盟合作关系，必然会让中国和朝鲜感到威胁上升，它们因此也会努力扩充军备。比起强化军事力量和巩固日美关系，日本优先要做的是，下决心努力推动实现一个积极削减军力的国际体系。增加同中国和朝鲜的对话，在合作项目上深化双边关系，增强信赖，自然会降低两国对日本的威胁。这也是我不断倡导日本必须积极提倡东亚共同体方针的原因。

美国宣布退出 TPP 不亚于尼克松冲击

战后的日本遵循美国之要求，采取了"支持台湾作为合法的中国政府，否认北京（大陆）政府存在"的政策。然而，20 世纪 70 年代初，时任美国总统尼克松在未同日本进行任何商议的情况下，突然宣布访问中国，就此拉开了中美合作的大幕。如此明显的背叛盟友的行为，让日本政界上下一片困惑和愤怒，佐藤内阁因此而辞职。随后，继任的田中内阁开启了推动中日邦交正常化的进程。

此番特朗普宣布退出 TPP，比起尼克松冲击更是有过之而无不及。对于同盟国日本而言，这当然是赤裸裸的背叛。我原本就反对 TPP，而一心推进 TPP 的安倍首相无论如何应该更愤怒一些才对。而当对方说"下面制定两国间的协定吧"，日本立刻诚惶诚恐地回答"嗯，那好吧"。岂有这样的道理？

如果说随着政权交替,就可以单方面将国际合约撕毁的话,那我作为首相,把普天间的边野古搬迁合约废除,对方也无话可说吧?然而,无论是美国还是日本外务省,都以这是国际条约为由强烈反对。其实,奥巴马总统在卸任前后对军事基地搬迁地址也表现出了灵活务实的态度,而由日本外务省和防卫省官员逐渐揣摩出的美国政府意向中,这份灵活性已经不复存在了。

为什么美国可以随意违背国际条约而日本却不可以?只能解释为美国是霸权主义国家,而日本只是它的从属国。

而这个"美国至上主义"的新政权,今后做出背叛盟友、提出不当要求,或者轻视国际协调主义,诸如此类的事情恐怕会经常发生吧?或许多元化时代的同盟关系不过如此。正所谓"春秋无义战",春秋战国时期即是"今日为友,明日为敌"的年代。

对日美同盟过度地期待与依赖

由于特朗普展现出了"亲俄反中"的外交姿态,"中国威胁论"者认为中美关系恶化对日本有利,从而表示了欢迎。但是,如前文所述,中美在时而对立、时而合作之中逐渐加深了关系。作为定期政府官员会议的中美战略与经济对话,自小布什政权开始已持续了十余年,每年定期举行的首脑会谈也已经常态化。可以说中美关系要远比中日关系紧密得多，像尼克松冲击这样的事情还有可能发生。

所以，日本必须自立起来，如今的安倍政权将日美关系神圣化了。日本必须停止为了维持这种关系来确定国家发展方向的政策。而在宣传日美同盟是世界共同财产的同时，不断扩大安保条约的适用范围的这种考量，本身便是由外务省和防卫省官员主导的冷战后的亲美保守路线。比起"由于日本受到的威胁变大，因而安保条约的解释范围不断扩大"的说法，"为了解释扩大安保条约范围的必要性而夸大了威胁"之说更接近于事实的真相。

安倍政权外交防卫政策的逻辑是这样的：

一、用中国取代苏联作为假想敌，努力在军事和经济上积极展开对华的包围网；

二、预想中国军事占领钓鱼岛时会出现的危机；

三、这期间等待美国对日启动集体自卫权，日本向美国确认钓鱼岛在《日美安保条约》的适用范围内；

四、以此来交换美国一直要求的在中东地区提供战争支援，并为了行使集体自卫权修改宪法解释；

五、进一步加强同美国的军事一体化，为了像英国那样同美国建立亲密关系（最信赖的同盟关系）而努力；

六、获得美国的支持，以成为政治大国的象征——联合国常任理事国的成员为目标。

我在前文中已详细叙述了这一计划将遇到的巨大障碍。

不得不说，这是夸大"大日本主义"志向和中国军事威胁所制定的错误的外交防卫政策，日本也因此受困于过分期待和依赖日美同盟的死循环，丧失了外交的自由。

通过友好共存实现国家自主

我所希冀的日本的"自主"，不是说要甘于人后，而是说日本究竟以"通过对抗中国实现自主"为目标，还是以"通过与中国友好共存实现自主"为目标，这是今后将要面临的选择。是否选择通过"共存"实现"自主"，这是"大日本主义"同"摆脱'大日本主义'"的分界线。

我的主张是：

一、停止将中国作为假想敌；

二、关于钓鱼岛问题，再次确认《日中和平友好条约》的精神，将其暂时搁置，尊重四个政治文件（后述）并稳固日中关系；

三、以同中国的"友好共存"为目标，为建立多方面的信赖关系而努力，缓解东亚的紧张局势，共同推进"东亚共同体构想"；

四、不要将日美同盟发展成美英同盟那样的"命运共同体"，不去协助美国的全球性战争；

五、阶段性缩小美军基地，以全面修改地位协定为目标；

六、不以成为联合国常任理事国为目标，即打消通过成为美国的亲密盟友而获得美国的支持并成为政治大国的念头；

七、立足于以联合国为中心的多边国际协调主义。

这不是反美言论，而是为了减轻日美同盟的过重负担、恢复日本的外交自主权所提出来的建议。

缩小战败和被占领的残留物——美军基地的范围，以及修改日美地位协定，这一切本应在冷战结束时就该着手解决。同样作为战败国的德国便果断地大幅度缩小了基地、修改了地位协定，当它向美国提出这些要求时，没有政治家和官僚以"这将破坏美德同盟关系"为由进行反对。如果日本国民能够团结一致共同努力，我相信不论是阶段性地缩小基地范围还是修改地位协定，都有可能实现。

这也不是带有亲近中国色彩的言论，而是为了继续维持已达70年之久的日美协作关系，同时构筑起同中国的合作体制所提出的建议。

有人不无担忧地说，摆脱对美国的从属关系会不会导致日本从属于中国？我理解这种担忧。但是现在的亚洲国家全都一边掂量着中国成为地区霸主所带来的潜在威胁和它为自己带来的实际利益，一边认识到了和中国发展友好关系的战略重要性，同时也和美国保持着一定的距离。在全方位外交时代，所有的国家都在同时看着中国和美国，只有日本将日美同盟神圣化，一味地想要建立中国包围网，这并不符合真正的国家利益。

并且，即使是相对的同盟，但凡存在同盟，就会是两国最重要的关系，摆脱对美国的从属关系绝不意味着就会从属于中国。只要日中两国理解并遵守四个政治文件，就能使两国避免陷入从属关系，确保关系对等。

这四个政治文件，一是两国邦交正常化时签署的《日中联合声明》，二是《日中和平友好条约》，三是小渊首相和江泽民主席签署的《日中联合宣言》(1998)，四是福田首相和胡锦涛主席签署的《日中联合声明》(2008)。前两份文件明确了日中不战的誓言，反对霸权主义，强调和平共处五项原则和和平十项原则；第三份文件将日中关系定位为"最重要的双边关系"，明确表达了遵守村山谈话的内容；第四份文件则明确了两国是战略互惠的关系，约定定期举行首脑会谈。可以说这四个外交文件是两国"协商"关系的体现，现在反倒是日本置这些文件于不顾。

70多年前，称霸亚洲的大日本帝国便已失去了亚洲第一的地位，不得不接受成为一个中等规模国家的命运，我也曾为此而感到难过。但是，我们在不得不面对中国将成为地区霸主国家这一历史的趋势时，必须鼓起勇气去接受现实，调整方向，为构筑一个不对日本以及其他东亚国家带来大的负面影响的国际体系而倾注精力。丢掉大日本帝国主义的幻想，认识到自己能力有限，思考作为一个中等规模国家的利益所在，我相信这一定会为日本的外交防卫政策开拓新的视野。

这也就是我倡导"东亚共同体"的原因。我预感到强调"美国优先"的新一届美国政府将会使国际环境发生极大变动，值此之际，日本应该率先推进东亚共同体构想，为建立亚太地区的相互信赖做出努力，带头在这一地区建立新的多边安全保障和经济合作的框架。

后增长时代的国家形态——
从增长战略迈向成熟战略

第 三 章

无法实现的"大日本主义"梦想

直到平成20年（2008）被中国超越之前，日本在长达40多年的时间里始终保持着仅次于美国的经济规模。在最为辉煌的时期，日本甚至占到了世界GDP总量的18%。冷战刚结束时，甚至美国都一度出现强烈呼声，认为继苏联之后日本的经济实力是对美国的最大威胁。可以说，这是日本文明的巅峰，足以在世界历史上引以为傲。

许多日本人都无比留恋那个黄金时代，希望能够重现辉煌。但是正如英国人怀念那个大英帝国曾经统治七大洋的昔日荣光一样，我必须说："大日本主义"的梦想注定无法实现。

日本在20世纪80年代后期遭遇了泡沫经济。开发毫无节制，到处兴建高尔夫球场，人们乐观地认为整个20世纪经济都会持续高速增长，而且这股风潮席卷全国。但是，泡沫很快就破灭了。当时，如果再大胆一些导入公共资金，就可直接进行破产处理，而日本政府采取了对银行等大企业实行包庇的政策，致使泡沫经济的后遗症长久挥之不去。

近20年里，日本的经济增速平均为1%左右。为了从这种异常状态中脱离出来，恢复经济增速，日本政府提出并采取了很多经济手段。首先是传统的依靠公共财政实行经济振兴方案，其次是零利率政策，再加上主张实行新自由主义式放宽管制等经济结构性改革。现在，所谓的安倍经济学提出要综合运用上述手段。然而从结果来看，宽松的货币政策引发了暂时性的日元贬值和股市走高，虽然出口企业因此受益，但并未从根本上改善日本企业的基本经济指标，其他政策也不见成效。时至今日，日本的经济增长速度仍无法恢复到当年的水平。

无论是动用财政手段还是放宽金融管制，都应该确定这样一个前提，即如在短期（一两年）内就能促使经济复苏，之后即便终止该政策，国民经济仍可按照经济发展轨迹继续前行。可事实却并非如此，一旦日本政府停止上述政策，经济便立刻丧失动力。因此"安倍经济学的第三支箭"主张：大胆实行进一步的放宽管制才是应有的经济增长战略。这一主张果真可行吗？

日本经济的低迷状态被人们称为"失去的××年"。这种状态既然持续了10年、20年乃至25年，倒不如说1%左右的经济增速正在常态化。其中的原因是多方面的，但有一点十分清楚，那就是冷战后日本经济所面临的内外环境都发生了巨大变化。

从增长时代迈向成熟时代

最显著的变化是，社会主义经济圈不复存在，资本主义经济圈扩展到全球。以前所谓资本主义经济圈不过是欧美再加日本，人口规模不过 10 亿人。此外便是以苏联、中国为中心的社会主义国家，以及被称为"第三世界"的众多发展中国家。冷战结束后，资本主义经济圈迅速扩大，波及 50 多亿人（当时）。这些国家曾经实行过社会主义经济，采取了发展进口替代产业的经济政策，比如实行资源国有化，冷战之后通过引入发达国家的资本和技术，转而发展出口制造业，实现了提振经济的目标。这与战后高度增长时期的日本所采取的经济战略十分相似。

特别需要说明，中国、韩国以及东盟的工业化进程对日本的影响尤其巨大。亚洲各国在引入日本的资本、技术及零部件的同时，使用本国低廉的劳动力，逐步开始生产与日本相同的工业产品并进行出口。

例如，在高速增长的佐藤内阁时期，日本的纺织品对美出口曾引发了强烈的经济摩擦。如今九成左右的日本纺织品（服装）是进口产品，其中的六成来自中国大陆。另外，在 20 世纪 90 年代之前，日本出口创汇的主力一直是家电制品，而现在即便是家电行业，其进口额也已超过了出口额。当然其中也包括许多迁移到国外的日企产品，这些国家把日本品质的产品以更低廉的价格生产出来并出口到国外。日本周边这样的国家越多，越容易吸引企业为了寻求更廉价的劳动力而将工厂开设到海外，以降低薪酬。

总之，随着亚洲经济合作的不断推进，引发了日本国内薪酬下跌、内需停滞，这是造成经济低迷的一个重要原因。

还有一点，就是人口减少和社会老龄化。明治维新时期日本人口约为 3000 万人，二战结束时为 8000 万人，经济高度增长时期这一数字则突破 1 亿，最多时达到 1.28 亿人。自平成 18 年（2006）开始日本人口渐趋减少，预计 50 年后将跌破 9000 万人。人口过亿时，65 岁以上老龄人口的比重是 7%；而据估算当人口跌破 1 亿时的老龄人口比重将为 40%。日本正以惊人的速度进入老龄化阶段。

再来看就业人数和人均工作时间，会发现从 20 世纪 90 年代以后，这两项数字一直在不动声色地减少。人们通常认为拉动 GDP 的三驾马车是"劳动、资本和技术"，也有观点认为，即便人口减少，仍可通过技术革新实现经济发展。毋庸置疑，技术弥补劳动力缺失所做的努力非常重要，但应当看到，人口大幅减少终究意味着国家的成熟或者缓慢的衰退。对日本而言，曾经支撑高度增长的国内条件正在丧失。

通俗地说，日本目前的状况就是，一方面每年将消失一座 70 万人口的城市，另一方面每年将增加一座 60 万全部由老年人居住的城市。无论站在哪个角度，内需紧缩都必然会出现。可以说，这是导致经济低迷的又一重要原因。

从国家的发展来看，应当认识到经济高度增长时期是不可复制的。这一时期国家快速兴修公路、铁路等产业基础设施，对经济影响明显的重工业得到发展。无论是日本还是其他发达国家，都经历过这样的时期。经济发展缓慢不是日本独有的现象，但是日本周边有很多正处于高度增长阶段的新兴经济体，而日本的少子老龄化现象日趋严重，这使得日本经济的低迷程度格外强烈。

我们必须自觉地意识到，日本正由"增长时代"进入"成熟时代"，但是我们不必悲观。我相信，只要适应新的时代环境，转变国家形态，我们就一定能创造出一个更加幸福的日本。

历任内阁的经济增长战略

泡沫破灭后，历任内阁都力图恢复日本经济的增长速率，因而制定了经济"增长战略"。所谓"增长战略"，在数值上以中期经济增长率为目标，为此下令中央各部门制定出必要的政策，主要是由经济产业省汇总而成的一系列文件。自从桥本内阁出台《经济结构的变革和创造规划》时起，此后由在任内阁出台类似的经济结构改革议案就成为惯例。

"增长战略"这一名称最早出现在小泉内阁的《新经济增长战略大纲》中。当时提出要在10年内实现年实际增长率2.2%的目标，这是首次明确提出具体的数值目标。后来安倍内阁提出《增长力加速规划——实现生产力的五倍增长》，福田内阁提出《经济增长战略》，麻生内阁提出《未来开拓战略——日本复兴规划》，鸠山内阁提出《新增长战略（基本方针）——迈向光辉的日本》，菅内阁提出《新增长战略——"活力日本"复活规划》，野田内阁提出《日本再生战略——迈向拓宽新领域的"共创之国"》，而第二次安倍内阁则提出《日本再兴战略——日本回归》（该方案每年都会进行修改，如2016年度称为《日本再兴战略2016》），可见，制定增长战略文件已是每年必不可少的工作。

鸠山内阁由于对历届自民党政府所奉行的粗放型经济振兴方案和新自由主义型小泉结构改革持否定态度，因此最初并不打算出台此类经济战略。然而雷曼危机使得经济雪上加霜，自民党及财界要求出台经济战略的呼声不断高涨，并习惯性地批评民主党政府没有经济战略，于是在时任副首相兼国家战略主管大臣菅直人的组织下，出台了民主党版的增长战略。

以人为本的经济社会

平成21年（2009）12月30日内阁会议通过了鸠山内阁的《新增长战略（基本方针）——迈向光辉的日本》。该方案在民主党一贯的施政理念的指导下，主要由产经省汇总完成。它继承了自民党执政时期定下的名义增长率3%、实际增长率2%的增长目标，但在总论部分被打上了具有强烈民主党特色的烙印。以下为其中部分内容的摘录：

束缚我国经济政策的是由两条道路所引导的既往经验。

第一条是依托公共事业的经济增长。纵览战后迈向高度增长的六七十年代，依托公共事业建设国家和城镇的策略，作为揭示未来前景的"增长战略"十分有效。劳动者从生产效率较低的农村地区流入城市，从事生产效率较高的制造业。由此消费带动需求的链条得以拓宽，扩充了日本经济规模。在全国总体需求扩大的过程中，对以新干线、高速公路为中心的交通基础设施进行投资效果显著。这本身就对日本经济的增长起到了巨大的推动作用。

然而进入80年代之后，基础设施兴建完毕，而大城市所得税收的分配机制得到确立，即通过统一的公共事业，以向地方提供工程费的形式进行分配。这种结构被称为"土木建设型国家模式"，也滋生了由政治家与官僚主导的利益分配关系和克扣税款的弊病。公共事业维持了农村地区的就业平衡，缩短了城乡差距，但在经济和生活方面也抹杀了各地区赖以维持独立性的基础。从结果来看，公共事业没能带动全日本的经济发展，却使得巨额的财政赤字越积越多。

第二条是在2000—2010年间以"结构改革"名义实行的增长战略。这一战略依赖于供给侧生产效率的提升，充分运用减少国家对经济的干预和实行劳动力市场自由化等市场原理，提高企业的生产效率，以此求得经济增长。同时它也推进了公共金融的民营化进程。

然而尽管部分企业成功提升了生产效率，但财富却仅集中于政府选定的企业，而中小企业倒闭的现象增多。该战略未能强化金融机能，全体国民的收入也未能得到增加，国民感受不到经济增长的好处，需求处于低迷状态的现象继续存在。这使得以所谓"穷忙族"为代表的阶层差距拉大，且日益成为社会问题，也导致了国家整体增长速率低下。

我们既不走依赖公共事业和财政支出的"第一条道路"，也不走过度奉行市场原理的"第二条道路"，而要走"第三条道路"。这就是着眼于改善国民生活的"新增长战略"，旨在到2020年之前，能够立足于环境、健康和旅游三领域，实施超过100万亿日元的"创造新需求"计划，在此基础上增加就业机会。

我们的目标不是成为像电视剧《坂上之云》里那样的"发展中国家"经济运行模式，而是追求作为能够解决全球规模课题的"课题解决型国家"，形成可以与亚洲各国共存的国家形态。

2008年爆发的金融危机改变了世界经济结构。以美国为中心，世界需求快速蒸发，如今假使试图进行加工出口，却不存在与之相对应的需求。我们必须面对这一新的现实。

再看日本经济的现状,在国内确实存在供求差异。我国名义 GDP 在 2007 年度达到了 515 万亿日元,预计 2009 年度将减少至 473 万亿日元。但是如果我们正视国民生活这一课题,就会发现这个问题的解决将拉动无比广阔的潜在需求。

第一个课题是应对全球变暖(能源问题)。日本应致力于动员全社会的力量以实现世界顶级水准的低碳型社会,以便能够在民生产业、运输行业、城镇建设等领域催生出新的需求。

第二个课题是应对少子老龄化问题。"安心育儿""身心健康长寿"是人类共同的目标。为了达成这个目标,我们要努力将日本建成健康大国。解决这个课题的一剂良方就是推动社会变革、创造新的价值,从结果上说就是创造就业机会。

日本将在世界上率先解决这些课题,成为其他国家的样板。这将直接推动我国研发能力和企业理念的强化。创造带动需求与强化供给之间的良性循环,对于摆脱通货紧缩不可或缺。

为了建成这种国家体制,政府的作用是增长战略上的关键一环。政府应将"绿色创新""生活创新"等作为战略性创新领域,为人才培养和技术开发等提供支持。此外,在创造需求的同时,致力于从使用者的角度改变社会规则。而且政府应向在新兴领域做出尝试的人提供支持,不过度依赖财政手段，充分发挥国内外金融资产的作用，追求市场创造型的"规则改善"与"政府帮扶"间的最佳配置。

我们努力谋求将能推动社会变革的技术和系统拓展到亚洲等海外地区。可以说，这是通过日本首创的"输出课题解决型方案"（系统输出）来打造亚洲的需求。亚洲是世界经济增长的中心。日本吸收亚洲的活力，并与亚洲各国共存，才是新日本的活力之源。为了成为全世界最具魅力的国家，应选择机场、港口等公共基础设施，集中进行投资。因为这里是人才、物资和资本往来的窗口。

……

我们还提议，幸福度以及满足度等应当成为新的指标和价值观。在实现增长战略的过程中，培养能够唤醒城镇活力、发展文化艺术等"新公共领域"的中坚力量，建设人人安居的国家。

向世界表明，我们要建成"以人为本的经济社会"。这是新一届政府的历史使命。

历史必须亲手去创造。

为了重现日本的荣耀！

虽然现在还没有彻底摆脱经济增长神话，但是在制定这份《新增长战略》时，那些批评我的全球主义的文章也被列入了参考范围。这份报告对时代的认识基本正确，明确批判了对公共事业的依赖性和新自由主义的弊端,这在过去的自民党内阁的增长战略中是从来没有过的。

具体来说总共有六项:(一)依托绿色创新成为环境和能源大国战略(建成低碳型社会、推广可再生能源等);(二)依托生活创新落实健康大国战略(带动医疗、护理、保健相关产业的增长);(三)亚洲经济战略——日本作为"桥梁国家"而发展(积极参与亚洲经济合作,致力于形成内需共同体);(四)旅游立国及振兴地区战略(推进旅游立国,充分利用本地资源让地方城市重获生机,推动农林水产领域的产业化增长,向重视市场库存数量的住宅政策转型);(五)科学技术立国战略;(六)就业及人才战略(上调最低工资,提高女性、老人、残疾人士的就业率,通过提供安心的生育环境提高出生率)。

《新增长战略(基本方针)——迈向光辉的日本》中过分地强调"成为大国"这点固然不可取,但其中也体现了我的友爱理念和东亚共同体构想。它淡化了支援出口制造业的色彩,转而支持在环境、医疗、护理和旅游等领域打造新的内需。呼吁不要"经济至上的人类社会",而要重视生命,建设"以人为本的人类社会"。这就是鸠山内阁增长战略的特点,前无古人后无来者,可以说这是近乎于"成熟战略"的思想原点。

但是在我隐退之后,官僚统治再度复活,这直接影响了后面的民主党政府的增长战略。菅内阁的《新增长战略》本应继承鸠山内阁时期的内容，但是在财务省的提高消费税的要求之下，增长战略被修改为"着眼于'强经济''强财政''强社会保障'三者的整体实现"，于是"金融战略"被作为第七项补充进来，设立"综合特区制度"等全球化倾向卷土重来。野田内阁的《日本再生战略》把日本将参加 TPP 写入其中，全球化倾向进一步加速。本该遭到否定的"第一条道路"和"第二条道路"慢慢死灰复燃，它与"金融战略"相结合，就有了第二次安倍内阁的《日本再兴战略》。

民主党政府的人性化转变

由于我执政时间太短，使得我几乎没能着手进行经济政策的转换，也就是向重视生活和环境的第三条道路转换。

鸠山政府组建之时，恰逢雷曼危机后日本经济萎靡不振，选民对恢复经济活力抱有很大期待。一方面我认为必须做出应对；另一方面历届自民党政府一直奉行粗放型公共事业和新自由主义放宽干预，把这一政策作为摆脱通货紧缩的手段，却不见成效，导致了社会阶层的分化。我从中发现了问题所在，这也是前文所提到的《新增长战略（基本方针）》的基础。

换言之，我认为问题不在于供给侧，而在于需求侧。日本的GDP中有六成来自个人消费。因此我认为，与其把预算分配给各产业和企业，不如实行再分配政策，把预算直接分配到国民手中更行之有效；在提振经济方面，更应唤醒个人消费，促进经济释放活力，进而跳过中间环节直接将预算分配给国民，由此减少官僚退休后"空降"到企业任职领取高薪的空间，避免给国民的预算分配被中间环节压榨。我曾经实行过的具体政策有：育儿补贴、发放到户的农民补贴以及免除高中学费等，但被自民党方面批评是变相的浪费财政。虽然开了一个头，却未能将预期目标贯彻到底。

我认为，鸠山内阁高举"从建设向生活转型"的口号，致力于取消无效的公共事业，推动育儿补贴及高中免费化的政策是正确的选择。我不是要停止公共事业，也不认为它是万恶之源，但我认为，随着时代的变迁，社会所必需的公共性事业的种类发生了变化。在政治家、官僚、企业家相互勾结的体制下，不必要的公共事业由于惯性而继续存在，难以实现新的转换。始于大米短缺时代的排水造地事业[1]，在大米充足的时代自然没有了用武之地，但是我们却没能终止它。正如从八场水坝所看到的那样，尽管众多水坝建设事业的必要性受到了来自用水、治水、发电以及环境多方面的质疑，

---

[1] 20世纪五六十年代，日本遭遇了严重的粮食危机。为了扩大耕地面积，日本开始大规模填海造地，其中最具代表性的是谏早湾开拓事业。

国民却无法令其下马。现有的公共事业大多无法契合当今的时代要求。

公共事业显然丧失了作为经济振兴对策的有效作用。公共事业对经济的相乘系数在高度增长时期的1970年为2.0，如今仅为1.1左右。过去公共事业能产生巨大的经济效益，基本上是投入1万亿日元的预算便可获得2万亿日元的回报，而现在公共事业对经济的影响力几乎可以忽略不计。

公共事业的作用已经变为：通过维持公共事业，支撑土木建设产业的经营，并维系地区的就业。而土木建设产业是地方的支柱产业。在地方，水坝、公路或者土地改良事业是否有存在的必要，这是次要问题，因为中央会定期向这些公共事业拨放资金，如果没有这些资金，那么无论是地方自治体还是当地企业都将难以为继。八场水坝就是一个典型实例。

如果停止土木建设产业，地区社会的支柱产业将何去何从？拿什么替代土木建设产业所承担的维系就业的作用？这是成熟阶段的日本所面临的课题。如果说民主党的"从建设向生活转型"政策有问题，也不过是做的说明不够充分而已。

在这个意义上，正如鸠山内阁的"新增长战略"所描绘的那样，要改变公共性事业的内容，将建设产业性基础设施转变为建设覆盖环境、福利以及医疗等方面的社会性基础设施，这对成熟阶段的日本来说大有必要。

扩大医疗和护理领域，不同于扩充年金和福利。这并不是要设计或修改制度，而是医疗和护理与就业和有关设施之间存在关联性，因此具有产业性质，并且是对经济具有极大波及效应的领域。它既是区域密集型产业，又是今后能提供大量就业的主要产业。将承担医护服务的产业作为内需型主力产业加以培养，并将其当作成熟社会的公共财产，努力实现该领域内薪酬及劳动环境的改善，这是成熟国家所应有的机制。

这里可能有点晦涩难懂，但是我坚信鸠山政府一定能大幅推动残疾人制度改革。我们邀请众多残障人士参与进来，为了推动制定《禁止歧视残疾人法》，政府组织了行之有效的协商会。平成28年（2016）4月，《消除歧视残疾人法》正式实施。虽然相比于《禁止歧视残疾人法》还存在距离，但是为了所有残疾人都能够无障碍地生活，比如行走、购物和就餐，有必要为他们提供基本的设施保障，这同样是成熟国家所应担负的责任。

另外，鸠山政府对地球环境问题持重视态度，因此将固定价格收购制度应用到太阳光发电当中。这个计划最初产生于购买剩余电力，三年后将购买对象扩展到除太阳光发电以外的可再生能源；同时将适用范围大幅扩大，不再仅针对剩余电力，改为实行全额电力收购制度。我在担任首相期间倡导保护地球环境，因此将核电视为过渡性能源而容忍其存在。但是当我亲历了由于东日本大地震造成福岛第一核电站泄漏事故之后，我确信，在地震多发的日本不适合发展核电。从保障国家安全的观点来看，应尽快实现无核电的日本。鸠山政府想带领日本向成熟国家和自然能源国家前进的步伐，受到了当权者的百般阻扰，这一现实令我深感担忧。

社会阶层分化的应对方针

虽然鸠山政府做得不够充分，但是致力于减少派遣劳动[1]现象，修订了《劳动者派遣法》，原则上禁止派遣按天受雇的劳动者。当时正值雷曼危机过后，社会一片萧条，派遣劳动者这一不稳定的雇佣状态成为严重的社会问题。近年来非正规雇佣增多，即劳动者间的不平等加剧，已是日本社会深刻的病因。由于冷战后的放宽干预政策，日本的劳动力市场出现了派遣劳动者，非正规雇佣的情况增多。派遣劳动者最初仅被法律限制性承认，但现在其覆盖范围逐渐扩大，平成 15 年（2003），就连制造业领域都解除了对派遣劳动的禁令。派遣劳动范围当时在缺乏引导的情况下不断扩张。20 世

---

[1] 指劳动者和用工单位签订劳动合同，实际上为用工单位工作。其目的是降低用工成本、规避用工风险，以及便于用工管理。

纪90年代非正规雇佣的比例在两成左右，如今已接近四成。

安倍政府的《日本再兴战略》鼓吹"雇佣维持型政策逾越了雇佣政策的基本内涵，因此要将其改为劳动移动支援型，从而实现一场大转换"。但实际上，在平成27年（2015）《劳动者派遣法》被再次修订。之前法律规定，连续雇佣三年以上，必须转为正式雇佣，本次修订却放宽了这一规定。

西欧严格遵守同工同酬的原则，但在日本却并非如此。据说与毕业后成为正式职工相比，非正式职工一生的工资是前者的三分之一左右。这是明显的不平等。在始终缺乏明确规定同工同酬的制度性保障的前提下，打着增长战略的旗号进一步增加以派遣雇佣为主的非正规雇佣，这将导致贫困现象与阶层分化的进一步扩大。

自民党执政时期实行陈旧的经济提振对策和全球化的经济政策，鸠山内阁意识到必须改变这种现状。但是在这个计划尚未来得及从思想性、政策性上加以体系化，我便匆匆辞去了首相一职，计划只能半途而废。菅直人组阁以后，对官僚的依赖性有所加强，财务省希望重建财政平衡，外务省时而主张TPP，时而提两下经济特区，时而又要做核电出口——一切都回归到外务省、产经省主导下的全球化路线。

安倍经济学的不合理性

所谓"安倍经济学"号称有三支箭:第一支是深度的货币宽松政策,第二支是动用财政手段推行公共事业,第三支是采取新自由主义路线放宽干预。安倍政府欲以此为核心实施"增长战略",恢复经济增长能力。由于日元贬值,出口制造业通过汇率差价获得盈利,日经平均股价也随之上涨。但是地方的中小企业大多依靠进口材料进行加工和销售,因此日元贬值使得这些企业的经营更加步履维艰,结果大城市与地方之间的差距进一步扩大。安倍经济学最大的目标和口号是2%的物价上涨率和3%的名义经济增长率,而4年之后,两个目标都没有实现,且实际增长率比民主党执政时期还要低。

由于未能达到预期效果,2015年9月安倍首相又提出了"新三支箭":第一,为了实现在2020年GDP达到600万亿日元,发展强劲经济;第二,使出生率恢复到1.8,构筑育儿扶助梦想;第三,实现护理人员零离职率,提供安心的社会保障。然而,与其说这"新三支箭"是手段,不如说更接近于目标。我非但不否定竖起一面昭示未来的大旗,反而认为这很有必要。但是为了实现这个目标,安倍政府将会实行怎样的政策,这一点我并未看出有多少变化。

特朗普总统批评说："日本在实行操纵汇率政策以压低日元。"应当承认他的批评相当敏锐。日本银行通过大量购买国债实行超宽松的货币政策，实质上就是操纵汇率。简单来说，这与把赤字国债作为本金并向出口制造业提供补助金是一脉相承的。

依赖于财政支出的公共事业，对地方农业和土木建设业毫无计划地进行财政补贴。但是通过超宽松的货币政策使日元贬值，乃至于间接地将这种盲目的财政补贴扩大到了出口制造业，这就是安倍经济学所发挥的作用，仅此而已。大企业通过日元贬值和股票升高扩大了收益，也仅限于其内部，并未发生涓滴效应（财富的带动作用）。

面对特朗普总统针对日本操纵汇率的指责，安倍首相和官房长官菅义伟以及日银总裁黑田东彦做出反应，再三强调日本没有操纵汇率。特朗普当选之初，官房长官菅义伟在接受采访中表示："对我来说，重要的危机管理之一就是汇率。并非对汇率问题漠视不管，而是因为我们正在对汇率进行妥善的危机管理。"当时在内阁主导之下，日本持续进行着对汇率行市的管理。面对特朗普总统的指责，日本的附属国秉性显露无遗。日本不应该一味地辩解自己没有操纵汇率，而是应当坦率承认，并且指出是美国首先实行了更大规模的放宽货币政策和美元贬值政策。

自民党宣称"要将物价上涨率控制在 2%"，日银总裁黑田东彦将这一目标的达成时间一再向后推迟,足有五次之多,最终也未能在其任期内实现。2016年秋日本银行发布了对深度的货币宽松政策进行"总体性检验"的结果,报告列举了目标无法达成的原因,主要包括原油价格下跌、消费税增加、新兴国家经济低迷等。报告结尾处还提到了日本人物价意识的特殊性等内容。然而这些因素都是事先就能够设想到的。必须指出,如果在没有考虑到这些因素的情况下,就实行零利率乃至负利率的深度的货币宽松政策,开出这样一剂猛药,相关人员要负重大责任。既然经过四年都无法兑现诺言,自民党理应认识到该政策本身就是错误的,应该做出反省并向国民道歉,改变这一不正确的战略。

我从一开始就感觉到安倍经济学的基本思想中某些方面不正确。平成25年(2013)6月,安倍政府在内阁会议上通过了名为《日本再兴战略》的增长战略文件。这其中或许含有要在东日本大地震以及福岛核电站事故之后进行灾后重建的意思,但是正如题目中的"再兴"两个字所指出的那样,这份报告谋求在高速经济增长的支撑下恢复昔日的强国地位,进而推动外交谈判,财政赤字迎刃而解,社会阶层差距也随之消除。全文都在鼓吹诸如此类的增长神话。因此安倍政府高举新自由主义政策大旗,主张"果断改革规则和制度并开放国有企业民营化,由此追求制造业的复兴,发展出有高附加值的服务业,在全球化竞争中处于不败地位","雇佣维持型政策逾越了雇佣政策的基本内涵，因此要将其改为劳动移动支援型，从而实现一场大转换"。

令我惊讶的是，安倍政府为了实现经济的强力复兴而过分渲染全球经济战争，向国民灌输战斗意识，比如"企业经营者必须果断敢行，做好与世界斗争的准备"，或是"如今日本的青年正置身于与全世界青年的竞争当中"，因此必须"培养能够在世界中取胜的人才"。安倍政府的增长战略或许可以这么理解，即举全国之力支援"战斗型"跨国企业、培养能撑起跨国企业的"战斗型"人才。

经济增长的目的何在

《日本再兴战略》每年修订一次，2016年是第四次修订，被称为《日本再兴战略2016》。其中有一项名为"改革规则和制度，实现生产效率革命"，将农业、医疗、教育和就业等领域中现行的制度和规制称作"岩盘规制"（固化的规章体系），并将其作为放宽干预瞄准的对象。安倍政府以"国家战略特区"作为突破口改革"岩盘规制"，主张"要创造全球最优越的商业环境，能够充分发挥民间力量，实现经济增长"，"努力将我国打造成全球最便于企业活动的国家，朝着GDP600万亿日元的目标提高经营者的生产效率"，并称为了实现上述理念，要推动政府放宽干预。诸如此类的豪言壮语比比皆是。

　　被安倍政府的增长战略称作"岩盘规制"的这些领域是与市场经济最不相容的。虽然这些领域也存在着各种各样的问题，但绝非放宽干预并将一切交给市场就能迎刃而解的。另外，这也不能引导日本经济的上行。而且废止"岩盘规制"以及为此导入特区制度，源自美国出台的《年度改革建议》。老实说，所谓"全球最便于企业活动的国家"中的"企业"，实际上指的是美国的跨国公司。一着不慎，日本的医疗保险制度、农业及教育的基础就有毁灭的危险，这一点我在第一章中也有所提及。

　　更让我困惑不解的是，所谓要努力成为"全球最便于企业活动的国家"，是否符合日本的政治目的？将创造"全球最优越的商业环境"视为优先的政治目标，果真能为国民带来安宁的生活吗？优先顺序是否本末倒置了？最为勤劳的日本确实曾以世界最快的速度发展过，但是这让日本人成为世界上最幸福的国民了吗？为了成为世界第一而努力，很容易让人心生向往之情，但为什么不把成为"世界最幸福的国民"当成我们的目标呢？

　　发展经济是为了国民，但安倍经济学的基本思想却把国民看作手段，这与我的友爱理念有着根本性的对立。日本并非所有的企业都是跨国企业，也不都是在全球经济竞争中搏杀的出口制造业，其就业及 GDP 中有七成以上来自地方性的非制造业和服务业。安倍政府看不到这一点,他们片面地认为,强大的国家要有强大的出口制造业做支撑,因此,必须万众一心举全国之力,支持在国际经济战争中奋战的跨国企业。

这与鸠山政府所设想的"以人为本的经济社会"背道而驰。在上一章中我提出"结盟的目的是什么"的问题,在此我想问:"经济增长的目的是什么?"时间已过去4年,但是《日本再兴战略》所设定的3%的名义增长率依旧没有兑现。原因无他,所谓的增长战略并不适用于成熟阶段下的日本经济社会。

急速扩大的阶层分化

经济战略的制定应当从验证长达30年的美国新自由主义时代的历史经验出发,但是在安倍政府的增长战略——《日本再兴战略》中完全看不到这一角度。

安倍政府的外交防卫战略名为《国家安全保障战略》,其中缺乏对以美国为代表的伊拉克战争的检验与反省。在这一点上,外务省和经济产业省如出一辙,二者均为大力推进全球化的国家机关,负责政治部分的外务省制定了《国家安全保障战略》,负责经济部分的经产省制定了《日本再兴战略》。

两份文件的共同之处在于，在不对全球化做任何批判的基础上，一切制度的制定和人才的培养都要服从于全球化。这种主张被他们奉为国策，在文件中随处可见。可以说，这是安倍政府的"大日本主义"志向与追随全球化，也即追随美国的体现。

我们不难理解特朗普总统上台的背景。近30年来美国新自由主义使得阶层分化与贫困现象加大，国内产业衰退，社会被撕裂成"1%的富裕群体与其他群体"。疲惫的全球化是特朗普现象和桑德斯现象[1]发生的直接诱因。应当说，殷鉴不远。

日本的阶层分化与贫困现象也呈现出相当严峻的形势。从OECD（经济合作与发展组织）的统计来看，日本的相对贫困率为16%，继以色列（20.9%）、墨西哥（20.4%）、土耳其（19.3%）、智利（18%）、美国（17.3%）之后高居第六位。日本也是除美国之外的发达国家中最高的，高于韩国（14.4%）。基尼系数用以表示收入不均衡的程度，日本在这项世界排名中高居第九位。可以说日本社会的阶层差异相当

[1] 伯尼·桑德斯，民主社会主义者，美国历史上第一位信奉社会主义的参议员。2015年4月正式宣布以民主党人身份参加2016年美国总统大选。其无论是名气、资历还是政治人脉、资金实力均不如希拉里，但他获得了美国年轻选民的热切追捧，使得希拉里始终无法提前锁定胜局。"桑德斯现象"也因此成为当年美国总统大选的一个热词。

惊人。而且由于大城市与一般地区、跨国企业与本地企业、大企业与中小微企业、正规雇佣与非正规雇佣等情况的存在，使得日本阶层正以多重结构分化发展。

无产阶层也在急速扩大。既无股票也无存款的家庭所占比例在20世纪90年代只有几个百分点，现在扩大为35%，也就是说每三户当中就有一户是无产阶层。儿童的贫困率上升到16.3%。教育差距形成的低收入群体和贫困群体有代际固化的危险。日本阶层正在急速走向分化，这些都与美国的情况相类似。

冷战结束至今，美国首倡的全球主义理念被不断推广。人们开始相信，推进放宽干预会催生创新企业，新兴产业将得到发展，经济增长率也会相应提高。但从现实来看，这些并没有实现。日本既没有出现强有力的新兴产业，现有制造业的国际竞争力又十分低下，工资无法上涨，非正规雇佣增多，阶层分化与贫困现象在扩大。

是把这些当作日本全球化还不够的表现呢，还是认为全球化本身就存在某种重大缺陷？选择不同，日本今后前进的方向也会截然不同。

如前文所述，安倍政府的增长战略的亮点，就是对所谓的"岩盘规制"，即农业、医疗、教育、就业等现有制度进行改革或废除。但是如果我们从过往的经验中吸取教训，就会很自然地认识到，不要说这种战略能带动新的增长，相反还会引发新的社会分化。我无意否定打造拥有新的增长能力的企业或产业的必要性,但我也无法认同这种新自由主义式增长战略的可行性。

成熟国家的使命

后世的政治史学家们可能会这样记述小泉政府之后的这十几年:一个"增长战略的时代",一个"所有的内阁都把经济增长当成政治目标却都没有实现的时代"。我对自己的执政经历也进行了反思,反思的结果是最好放弃"增长战略"这种说法。

"增长战略"一词尽人皆知,其含义反倒变得模糊起来。地方自治体与企业经营者期待的是依靠大范围财政补贴实行刺激政策,出口产业则期待能引导日元贬值的政策,各个领域也都期待着对各自产业的补助政策。一方面持新自由主义观点的人认为,唯有实施放宽干预、放开市场等供给侧改革才是增长战略;另一方面,社会民主主义者则认为,增长战略就是实施创造就业、上调薪酬等需求侧改革。

不论是动用财政、放宽货币供应,还是放宽干预,如果短期内就可以达成3%的名义增长率,都不会出现问题。但是如果必须半永久性持续实施上述手段,将会导致财政、金融以及整个经济社会丧失稳定性。

因此说，动用财政或放宽货币供应等手段何时必须取消或减少，要判断这个时机非常困难。如果在这期间企业成功实现创新，基本经济指标开始好转，或许能够找到合适的时机来取消这些经济手段。但是从目前状况来看很难办到。事实上，这些经济"强心剂"正变得越来越难以奏效，如果不投入更有效的"强心剂"，经济发展将难以为继。

日本银行每年都会购买80万亿日元的国债，这是国家发行的国债数量的两倍。从常识来看，这一举动不可能无限期地持续下去。我认为深度的货币宽松政策也会面临极限。担任内阁府参与的滨田宏一是安倍经济学的理论支柱，连他都要站出来说："我是说过通货紧缩属于金融现象，但是这么说有误。零利率下的量化宽松是无效的，必须在更大程度上动用财政力量。"他其实是想说，先准许日银直接认购国债，再进行更大规模的财政补贴，给地方送钱。零利率下金融政策会失效，这是宏观经济学的常识，连我这种外行人都知道。所以我的感觉就是：早知今日何必当初。

财政方面同样如此。每年反复推行高达几万亿日元的经济对策，却并未出现对经济的波及效应。地方上，经济依赖于政府需求的色彩越来越浓厚。正如我前面所说，放宽干预等新自由主义式政策不应继续推行下去，强制推行只会弊大于利。即便是打着"增长战略"的名义提出要实现高速增长，具体措施却越来越少，以至无招可用。这就是日本经济的现状。

那么，日本为什么一定要实现3%的名义增长率？如果日本是发展中国家，这一点我可以理解。为了实现更富裕的生活而追求高增长率，政府与民众有必要团结起来艰苦奋斗。但是在日本这样的国家，绝大多数国民能够获得与之相称的生活，是否必须把实现3%的经济增速当作自己的目标？说到底，为什么必须给经济增长制定目标？

政治的目的必须是"人"，而非经济的"增长"。不应该像安倍政府所声称的那样，把经济政策的目标定为"经济的高速增长"或者成为"全球最便于企业活动的国家"。我再次倡议，经济政策的目标应当如鸠山政府所主张的那样，是建设"以人为本的经济社会"。这是成熟国家的经济政策，不是经济增长战略，而应当称之为"成熟战略"。

到目前为止，我在增长战略框架中提出了许多措施，其中也有一部分可以作为"成熟战略"加以采纳。比如"旅游立国"一项，与其说是增长战略，不如将其归入成熟战略。将外国游客视为经营对象挣取外汇，可以说是成熟国家的存在方式。成熟国家就是要讴歌昔日的繁荣。

鸠山政府执政时的《新增长战略（基本方针）》中写道："计划到2020年，将访日的外国游客数量增加到2500万人。由此产生的经济波及效应约为10万亿日元，可新增就业56万人。"2016年得益于中国游客数量猛增，外国游客总量达到了 2400 万人，在人数上即将达成目标。我虽然不了解经济效益的准确数字，中国人的扫货热情也有所减弱，即便如此，仍将带来相当可观的波及效应。

再举一个例子，《新增长战略（基本方针）》中有一项是"向重视市场库存数量的住宅政策转型"，提议说："优质建设、妥善维护、长期使用"，"建设可供数代人使用的长期优质住宅，给予恰如其分的维护管理，构筑包含流通作用的体系，同时计划完善市场环境，使得消费者能够安心地进行适当的改建"。这又是一种成熟战略。日本的"住宅空置率"是指在总住宅数量中空置住宅所占的比例。据推测，该数据目前是 14%，30 年后可能会达到 40%。新建的不动产被不断地投放到供给市场中。日本一直以来将促进建设新住宅作为提振经济的手段，民间也长期维持了重视新修建筑的供给体系。如何扭转这一现状，也是成熟国家的一个课题。前面我也提到有关《禁止歧视残疾人法》的内容，如何打造能够让残疾人及老年人安心宜居的城镇，比如建设无障碍设施等，这也是作为成熟国家的重要课题。

我们应该认真检视过去 15 个版本的"增长战略"，认清全球主义的现状与限度，同时将"人"作为"增长战略"的目的，而非"经济增长"，并从这一角度出发重新制定"增长战略"。要集思广益构思成熟战略，向世界传递这样一个信号：日本要建成以人为本的经济社会。这是日本作为成熟

国家的使命所在

成熟战略的基本原则

关于成熟战略的具体措施,我做过一些思考,并尝试进行整理。我考虑的不是细枝末节的具体政策,而是考虑日本作为成熟国家,什么该做、什么不该做,需要有判断的标准。这是价值取向问题。

第一点,就是要放弃带有"大日本主义"色彩的复活经济大国的愿望。从"大日本主义"向"摆脱'大日本主义'"的转变,意味着从增长战略向成熟战略的转变。

所谓"大国志向"的观点,即强国要有强大经济,强大经济要有强大的出口产业,强大的产业要有强大的国际竞争力,强大的国际竞争力需要放宽干预和日元贬值。但是从历史经验来看,从来没有发达工业国家能依靠制造业出口始终保持世界第一的先例。出口增加引起通货升值和进口增加。如在短期内通过放宽货币政策(操纵日元贬值)阻止这一现象尚且可行,但难以长期施行。因此作为成熟国家,必须接受一定程度的通货升值。日本是一个依赖于资源、能源进口的国家,日元升值并非坏事。

当然,受国际上的投机势力操纵,引发日元短期内急剧升值是非常危险的,应当予以防范。但是在 1 美元对 90 日元左右的汇率水平下，日本的制造业应该能够得到充分发展。通常意义上的强国，是指拥有强劲的通货和较高的国债评级。

日本的经济结构并非如通常认为的高度依存外需型经济。日本的出口依存度在15%左右，但在能源、粮食、矿物资源等领域完全依赖进口。因此日本作为成熟国家无论如何发达，每年都要支出30万亿左右的日元用于购买上述资源，这笔费用必须依靠最低限度的出口来赚取。

要将地方的支柱产业从土木建设等产业变为承担环境或医疗等领域的产业，关于这一点的必要性，我在前面已有论述。上述内需型产业能够维系地区就业平衡，以及缓冲由于制造业向海外转移导致的就业流失。这两点作用具有可行性，但是我们不能指望其具有创造外汇的作用。事实上，支撑成熟国家社会基础的不单是内需型产业，同时具备国际竞争力的高附加值产业也是不可或缺的，但是后者并不会由于政府的产业政策而自发地发展起来。

作为增长战略的一环，安倍政府曾努力向澳大利亚出口潜艇，还向越南出口核电站，却无一例外地失败了。当时潜艇出口协议即将达成，最终却被法国拿到了订单，原因是澳大利亚政府担心从日本进口武器会刺激到中国。对越南的核电站出口项目同样被政府和业界视为向亚洲地区核电出口的典范，因而受到了极大的期待，但是该项目最后被越方以财政困难和当地居民反对为由而拒绝。

增长战略的最高阶段就是，以支持出口制造业的形式进行武器出口，并随之扩大军事预算。这是受"大日本主义"思想影响的错误选择，我对此强烈反对。武器出口稍有不慎就有可能加剧与他国间的紧张关系，而且一旦开始依赖武器出口，日本经济甚至有滑向军事凯恩斯主义的错误体制的危险。对于核电，日本国内就有相当的反对论调，在其他各国反核电的呼声也日趋高涨。尽管中国、俄罗斯和韩国等国也热衷于出口核电，但是，即便不提出口新干线等项目，日本也实在没有必要在核电等项目中参与竞争。

安倍政府对已有的出口制造业提供过度支援，特别是对武器出口、核电出口的百般呵护，令我深感担忧。必须主动限制武器或核电的出口，在限制中摸索制造业的生存方式。必须把这一点作为成熟战略的原则。

推进东亚区域经济合作

第二点，是站在积极推进亚洲经济合作的立场上，构想日本的成熟国家之路。

政治方面暂且不论，从经济方面来看，日本、中国、韩国以及东盟间的命运共同体进程正在推进之中。亚洲各国工业化的成功不断压迫日本的制造业，令其陷入困境。在高度增长时期，仅靠本国的资本主义差不多就可以生存下去的日本制造业，能够将薪酬上涨转嫁到价格中去。但冷战之后，在与亚洲各国制造业的竞争中，日本的制造业无论是产品价格还是工资薪酬，都由于亚洲基准较低而面临下行压力。

结果，国内生产总值增速低下，裁员、非正规雇佣、低薪化以及生产据点的海外转移愈演愈烈。另一方面，日本向上述各国的制造业出口机器人机械或零件等生产资料，由此形成了水平分工结构，最终出现了日本经济以亚洲各国的经济增长为支撑的模式。从这个意义上说，命运共同体正在走向深化。

日本制造业的空洞化不同于20世纪80年代美国制造业的空洞化。美国的制造业大多是被日本等国的企业所取代。与此相对，所谓冷战后日本制造业空洞化，是制造业的生产据点向海外转移。日本企业在中国等地开设工厂，在当地生产产品，再出口到日本及全世界。这有点类似于外出务工，虽然国内生产总值会减少，但是国民生产总值或国民总收入未必会减少。我认为，所谓东亚经济合作，换而言之就是扩大日本的内需圈，这一点是毫无疑问的，这与把欧盟变成德国经济的内需圈是一个意思。

在这一地区已经形成了"东亚经济共同体"，是由一条巨大的供应链所凝聚起来的既成事实，无视这一事实的经济政策不可能奏效。时至今日，即便政府对企业表示通过超宽松的货币政策能够低价提供设备投资资金，也不会有企业乖乖地把生产据点迁回国内。上述各国家电制品等行业成功实现了工业化，扩大了中间阶层。因此可以期待，这些扩大的中间阶层的购买力能够弥补日本由于人口减少导致的国内消费低迷现象。这是日本制造业的一条出路。

东盟经济共同体（AEC）已经成立，东亚经济合作的浪潮将不断向前，日本应积极投身到这场洪流之中。这条原则关系到中美两国共治之下国际政治的选择。我们应该积极参加到有利于亚洲经济合作的尝试中来，不要采取对其有阻碍的行为，也不参加他国的类似行动。在这个意义上，TPP有撕裂东亚国家的可能，因此日本应对其持消极态度；另一方面，日本应当积极支持日中韩三国自由贸易协定（FTA）或者区域全面经济合作伙伴关系（RCEP）。我提倡东亚共同体构想的理由之一也正基于此。

致力于建设公正社会

第三点，应将经济政策的目标定位为建设公正社会。

经济增长低迷使得阶层分化和贫困现象等社会问题凸显出来。反过来说，高速的经济增长是治疗一切社会疾病的特效药。但是既然我们已经难以做到这一点，"低速经济增长下新的再分配体系的建设"就成为摆在我们面前的新课题。

成熟国家下政治的作用首先应该是纠正社会中的不公平现象，努力建成公正的社会。

阶层分化和不平等现象的扩大正在威胁民主政治存在的基础。新自由主义经济导致了各国中间阶层的解体，使得民粹主义和民族主义抬头。经济政策必须重视这一点，不是要加剧这一趋势，而是无论如何都要予以制止。

从国内外的历史经验来看，低速增长下的完全市场竞争原理以及放宽政府干预，显然是阶层差距扩大与阶层固化的诱因。涓滴理论主张让少数上层人富裕起来，然后财富会一滴一滴流到大多数下层人手里，这根本就是不切实际的幻想。

尽管如前所述，在日本关于阶层分化和社会不平等现象日益严重，但并未像美国那样发生选民背叛现象。原因之一就是，现有社会保障制度下的收入再分配发挥着相当大的作用。成熟国家要进一步扩大再分配政策，特别是育儿扶助、教育扶助等对年轻劳动阶层的帮扶政策，对于提高出生率、扩大消费是必要战略，由此也不可避免地会带来财政负担。

问题在于对这一方案的收益和负担，并未形成全民的统一意见。在冷战后的日本政界，关于大政府还是小政府、美国型自助社会还是西欧型福利社会等问题的争论非常流行。但是无论这些讨论水平如何，日本人事实上已经选择了西欧型福利社会，如今想要实行小政府或者美国型自助社会根本不可能。我们必须在承认这一事实的基础上去构思今后的经济政策。

在平成29年（2017）年度预算中，日本的社会保障相关费用为324735亿日元，占年度支出总额（974547亿日元）的33.3%，是最大的年度支出项目。与此相对应，年度收入总额中有35%（344320亿日元）来自公债收入，而其中所谓的赤字国债为283820亿日元（29%）。如果停止赤字国债，将社会保障费用降为零，可以实现小政府下的财政均衡。但这一假设根本不可能实现。日本的国民负担率为41%，在发达国家中高于美国（31%），但是比起英国（45%）、德国（52%）、法国（55%）还处于比较低的水准。然而日本靠的是发行29万亿日元的赤字国债，如果将这笔国债纳入消费税中，日本的消费税率将超过欧洲福利国家，通常这些国家的消费税率为20%。

简言之，日本已成为西欧型福利国家，但相关费用不是靠税收，而是依靠发行赤字国债来维持。购买赤字国债的是管理国民存储的银行、邮政局以及保险公司，相当于由国民来承担。然而，即便这条路具备可行性，个人金融资产总额的1700万亿日元决定了它的上限。现在每年连续购买30万亿日元的赤字国债，十几年后达到极限，到那时日本将面临重大的抉择。

因此，暂且不讨论未来具体发生的时期或者具体步骤，但日本必须做好心理准备，以应对在中长期内提高国民负担率。方法就是必须慎重讨论扩大征税对象问题，不仅针对消费税，还需扩大对金融资产、财产继承等税目的税额。

鸠山政府曾将如何打破政治家、官僚、企业家相互勾结的体制作为行政体制改革的基本内容，但这一课题却没能成功。日本无法回避这一改革。

回想民主党政府上台时的选举战，我们主张彻底清除以"天官降临"[1]为代表的行政冗余，得到国民的大力称赞。我们赢得了政权，并承诺在彻底清除官僚冗费之前，决不增加消费税。但是我们由于在尚未彻底清除吸食既得权益的蝼蚁之前，宣布要增加消费税，因而遭到国民的反对失去了政权。不能让错误重演！要想中长期提高国民负担率，必须获得国民更大的理解，首先彻底、果断地实行行政改革，消除国民的不公平感。

行政体制本身会由于高度增长时代的惯性持续存在下去，也会出现一些本末倒置的现象，比如为保住既得权益而提倡大国志向的增长战略等。为了转换为成熟国家的行政体制，日本必须进行彻底的行政改革。

[1] 指高官退休后，到与其原工作的政府机关关系密切的民间公司或团体再就职，以领取高额薪水。

重视国家的团结

第四点，对于有可能危及国家团结的选择要谨慎对待。

存在这种危险的是外国劳工的接纳问题。在经济界或政府中有一种意见认为，作为增长战略的一部分，应主张取消现有限制，积极接纳从事非技术劳动的外国劳工。这种意见得到了很多人的支持。事实上，欧盟各国内部对移民劳工的排斥正愈演愈烈，对此日本应该引以为戒。

是否接纳外国劳工，不应当单纯从经济角度去认识。为了维持日本社会的运转，在一些领域单靠日本人无法解决劳动力不足的问题，有必要依靠外国劳工，日本也为这些劳工提供了与本国人相同的待遇。另外在技术方面，以 IT 等高新领域为例，当然也有必要为优秀的外国人才提供大展身手的环境。但是面对因追求经济合理性导致危及国家团结的问题，必须以摒弃经济上的追求而优先选择国家的团结为原则。

日本应当对向往日本、希望在日本定居的人敞开怀抱，这是我的基本主张。而且我认为，将日本建设成为一个能让全世界的人最想定居的国家，并为之而努力非常重要。

不过另一方面，涌向欧洲的叙利亚难民数量约为 410 万人，这样庞大的群体以难民身份蜂拥而至，想要接收他们谈何容易？因此我也很能理解对难民的排斥情绪。日本政府虽然表示要在今后5年内接收300人左右的叙利亚难民，但我认为对于发达国家的日本，这个数字实在是少之又少，这甚至令我感到羞愧。2016年在日本申请难民的外国人有10901人，但其中被认定为难民的仅有28人。难民大多为寻求政治庇护，在这些正遭受苦难的人群中，有的在向日本求援，作为追求自立与共存的成熟国家的日本，应当更多地接受他们。

但是，这并不等于为了获得廉价劳动力就应该大量引入外国劳工。二者不是同一个问题。

日本第一次关于接纳外国劳工的争论是在高度增长时代的池田内阁时期，特别是纺织制造业一直苦于人手不足。以纺织制造业为中心的经济界，借用西德引入外国非技术劳工的例子，积极推动政府接纳外国劳工。但当时的池田内阁在劳动大臣石田博英的坚决反对之下，采取了不认可的方针。理由是：虽然经济界设想外国劳动力只是暂时性居留，但从国外案例来看，这将导致劳工定居化，经济衰退期在日外国人的失业问题将成为严重的社会问题，围绕已定居外国人及其家人的待遇可能会引起人权问题，等等。这条意见后来成为日本处理劳动政务的基本方针。应当说，这一判断在当时基本上是正确的。东京奥运会（1964）后经济陷入萧条，经济界的外国劳工解禁论一时间鸦雀无声。

泡沫经济时期，解禁的呼声又开始高涨。一边是主张推动解禁的财界以及与当时的通商产业省立场相近的评论家，一边是作为反对派的劳动省以及保守主义评论家，双方发生了激烈的论战。争论的结果是，对于南美日裔人群不限制职业种类，准许其在日本国内从事劳动；另外开启了延续至今的"外国人技能研修制度"。经济泡沫破灭后，日裔劳动者的失业及归国成为难以解决的问题，选择定居的人群如何融入当地社会？还有，徒有其名的技能研修制度被黑中介当作接收非技术劳动力的手段，引发了其他的社会问题。

另一方面，比如在建设一线、大规模经营的农业法人单位或专业农业户、一部分制造业、护理业和服务业等，面临的现状是必须依靠廉价的外国劳工才能维持下去，特别是在繁荣时期，这种需求更大。我们不能无视技能研修制度所发挥的这种作用，但是应该一视同仁、同工同酬，不能因为对方是外国人只给很低的薪酬，这是一种歧视行为。如果因此引发不满情绪，将有可能成为社会动荡的导火索。

旧的问题尚未解决，新的问题又来了：在推进亚洲区域经济合作的过程中，如果拥有剩余劳动力的发展中国家向日本提出申请，希望日本接收非技术劳动力，应当如何应对？在护理领域，随着经济合作协定的签署，自平成20年（2008）起，日本开始从印度尼西亚、菲律宾、越南接收相关人才，尽管数量还不是很多。为了能在日本的护理领域工作，必须取得福利护理员或护士资格，如果日语水平不高就无法通过考试，语言障碍使得这项考试成了一道难关。他们绝不是非技术劳工，而是日本极为需要的人才，因此有必要让其在进修的过程中提高语言能力，并接受职业能力测试。日本应该完善这种灵活的人才吸纳体制。

须慎重解禁外国非技术劳动力

在日本，这是个非常有特色的问题，当经济好转时，外国劳工解禁论就开始抬头，经济恶化时又趋于平静。而这个论调仅希望将外国劳工作为廉价劳动力使用，从经济对策的角度看容易犯目光短浅的错误。

根据经济状况的好坏来机械地增减外国劳工的数量是不现实的。西欧国家曾实施过各种政策来推动外国劳工回归本国，但是基本上都以失败告终。面对大量的移民劳工，一方面，国家要为其提供同等的公共服务，给予均等的教育机会和相同的社会保障；另一方面，想要让这些移民作为当地社会的一员承担起相应的责任，并作为良好市民融入当地社会。要同时做到这些极为困难。正如在西欧各国所见到的那样，移民劳工被置于恶劣的生活环境中，居住条件几近贫民窟，同时被固化为最低收入群体。可以说，这些沉重的现实演变成了滋生恐怖主义的温床。

虽然现在日本移民数量不多，也并未成为社会问题，但是我们应该思考如何保护移民的权利，使他们作为良好市民融入当地社会。如果做不到这一点，我们就必须慎重地对待接受更多的移民。

现在政府以及部分执政党开始热烈议论："2020年护理领域有25万人的劳动力缺口，建设领域则需要八九十万。应当以外国劳工填补劳动力缺口。"有观点认为，这是为了维持人口日渐减少的日本社会的活力而采取的一项发展战略。我想说的是，不应当让外国劳工以低于日本人的薪酬从事劳动。而且今后日本人口将以每年70万的规模减少下去，靠移民或外国人来补充根本行不通。

可以预测的是，等到我这批"团块世代"[1]成为后期老龄人口（75岁以上）的时候，护工不足的缺口将难以弥补。由于护理是一项相当繁重的劳动，据说很多人都做不长久。虽然我认为大部分护工可以依靠本国人，但是我也听说由于现在规定需要有较长的理论进修经历，使得参加福利护理员考试的人数在减少。因此必须有适当数量的外国人弥补国内护工或福利护理员的缺口。

鉴于这一领域是技术劳动行业，需要完善接纳方式。据

[1] 指日本战后的第一个生育高峰期，即1947年至1949年间出生的人。这些人被认为是20世纪60年代中期推动日本经济腾飞的主力，是日本经济的脊梁。

观察，直到东京奥运会（2020）召开，建筑工人的缺口都很大。不过这种需求是暂时性的，应当谨慎考虑希望通过多接收外国非技术劳工以解决用工缺口的主张。

现在，日本殖民地时代的孑遗是在日的韩国、朝鲜裔人群，这些人大约有 50 万。据说作为经济景气时期的"遗产"，日裔外籍定居者也有 10 万人左右。近年来，所谓的种族仇恨言论、慰安妇以及竹岛问题，给这些在日韩国、朝鲜裔人群的生活蒙上了一层阴影，我对此深表同情。此外，给予永久居住的外国人以地方参政权至今还没有实现，所有这些歧视意识所引发的各种问题，都没有得到彻底解决。

无论再怎么需要劳动力，要接受多达百万的非技术劳工，日本必将背负极大的社会成本，这一点是显而易见的。如果没有做好思想准备，也没有与他们共同生活的物质准备，就根据经济合理主义草率行事，这是非常短视的思维。必须让与他们共存的意识在更多的日本人心中发芽，将他们作为同胞接纳进来，而不是从经济合理主义的角度看待他们，等做好了这些准备，到时候所需的社会成本也会降低。

在经济增长低迷的情况下，解除对外国非技术劳工的限制以便将其作为廉价劳动力，必将招致新的社会歧视和阶层分化。让低收入的外国劳工作为社会的底层为日本服务，这不是成熟国家所应有的国家形态，这个问题应当在不危及国家团结的前提下慎重对待。在目前状态下不应将外国人作为廉价劳动力引入非技术劳动领域，而应当在对现有的技能研修制度进行微调的同时做出应对之策，比如以同工同酬为前提接纳劳工，等等。

反对英语成为官方语言

类似的事情还有，例如一部分行政机构及经济界的"英语官方语言化"论。这个问题同样不应从经济学的角度看待，而应该以国家团结优先作为思考的出发点。

安倍内阁的《日本再兴战略》提道："正如谚语'趁热打铁'所说，要从初等和中等教育阶段开始强化英语教育，培育能挑战世界的人才。"

确实，我并不认为初等和中等教育阶段的英语教育已然到位，在和外国人交流时，也许很多人觉得，只要能以简单的日常会话水平多说几句自然就能增进感情。我自己也有过这样的经历：只要英语老师是日本人，就只会教语法，会话完全没有长进。如果聘用更多的英美人担任教师，那么就算不增加课时，这个问题应该也可以解决。

但是《日本再兴战略》的内容却并非这般温和。其中提到，世界的公共语言是英语，英语在跨国企业中不可或缺，增加能熟练运用英语的人就是增强竞争力，因此日本必须全民能说英语。诸如此类，都是欠思考的提法。

在美国跨国公司中，有呼声认为应将日语视为非关税壁垒。因此如果是为了将日本打造成全球最便于企业活动的国家，将英语变为官方语言确实是最省时省力的办法，这样就方便了跨国公司在日本做生意，但相应付出的代价也是巨大的。这势必冲淡对日本传统文化的敬意，丢失日本人对国语的自豪感以及丧失对除英语之外的其他语言的尊重。我必须指出，这也是全球主义信仰所衍生出的一种病症，自立的精神、共存的精神都将不复存在。

即便仅从经济角度来看，一个国家的经济实力与英语能力之间并没有相关性。除了原属英国殖民地的国家，在经济发达的国家中没有一个是以英语为官方语言的，以英语为官方语言的国家几乎都是发展中国家。

明治初期的文部大臣森有礼曾认为日语是贫弱的不健全语言；另一方面，他看到"英语国民的势力遍及世界，其商业势力控制着全球市场"，因此他提出"将英语国语化是实现国家近代化的一条捷径"。

自由民权运动的斗士马场辰猪反对此观点。两人都曾长期留学海外，能自如地用英语读写，是当时知识分子中的精英。

马场认为日语同样有严密的语法，只要扩充词汇就足以成为能助力国家近代化的语言。他还论述说，如果将英语国语化，将把日本人分裂成两部分，一部分是讲英语的统治阶级，另一部分则是不会讲英语的被统治阶级，这两种人之间将不存在共同情感，日本将丧失国家的统一性。

"森有礼所考虑的不过是采用英语所带来的当前国际利益。但对采用英语之后发生的社会后果，即从国民生活的方面限制了日本下层阶级，由此所引发的危险性，森有礼完全没有考虑在内。"[1]

如果说在日本的近代史中有什么不同寻常的伟大之处的话，那就是众多的知识分子通过外语把学到的知识和技术翻译过来，让国民得以广泛共享，由此保障了庶民阶层也能够拥有平等接触西欧文明的机会，成功培养了肩负起国家近代化的众多人才。明治时代的日本，创造了一个所有国民能用国语学习一切专业知识的社会，这是日本作为在非白人、非基督教世界唯一成功实现近代化的国家的重要原因。

"政治""经济""社会""文化"，这些由明治时代日本人创造的日语词汇也一直被中国、韩国等国家所使用。在庆祝孙文先生诞辰150周年的大会上，中国前外交部长李肇星先生告诉我说，"革命"这个词也是日本人发明的，当时我大吃一惊，这件事令我至今记忆犹新。我开始注意到，现在日语中用片假名照搬英语制造出来的词汇不胜枚举，日本人将外语译成日语的能力正在退化。

[1] 荻原延寿《马场辰猪》。

每当我向日本的政治家和官员提问"欧盟的工作语言是什么"的时候,能答对的人寥寥无几。正确答案是"一切成员国的官方语言都是欧盟的工作语言"。现在有24门语言是欧盟的工作语言。虽然英法德三个大国的语言使用频率较高,但是欧盟始终将多语言主义作为区域合作的重要原则,这方面我们应当给予高度评价。语言是关系国家统一性的最重要的因素。在TPP谈判过程中,没有一位日本外交官主张应将所有成员国的官方语言作为区域内工作语言,这体现出TPP所追求的经济秩序的本质。

毋庸讳言,我所构想的"东亚共同体"也应该将所有成员国的官方语言作为其工作语言。但如何做到这一点,消除语言障碍,维护共同体的运行,欧盟的经验值得借鉴。

当然,英语的通用程度很高,学习英语的意义不必多说。在国际学术会议或各种活动中英语居于中心地位,有必要适当掌握英语,基本消除语言障碍。但是我们必须让孩子们懂得:在童年阶段最重要的是学好本国语言,而且世界上同样有许多国家和语言,必须与其他国家的人民和谐共存。夏目漱石和福泽谕吉等人与马场辰猪的见解相同,我们应当学习明治时代先贤的这种精神。

我很敬重住在香港的高僧净空法师。法师倡导日本应和中国、韩国以及越南紧密地携手合作。他之所以这么说,是因为上述四国曾经都属于汉字文化圈,而汉字文化圈国家在历史上有一个共同点，讲究"以和为贵"。法师说为了将这种思想传递到西欧，追求世界的和平，这四个国家必须发挥指导性作用。从历史上看，友爱精神在汉字文化圈中的发展要好于在西欧国家。我认为，为了在国际政治、经济、科学领域大展身手，学好英语是应该的，但是日本有必要进一步推动汉字文化。

成熟国家的时代精神

成熟国家必须追求新的时代精神，且有别于高度增长时期对经济合理主义的追求以及美国－超体制对全球主义思想的信仰。

以旅游立国的政策为例，如果仅仅遵循经济合理主义，靠吸引外国游客前来住宿或购买特产获得收益，远远不够。我们有必要唤起全体国民的热情，号召国民保护和维护自然环境、历史景观、传统文化等物质或非物质性的旅游资源。

追求经济合理性在经济增长时期是时代的主流精神。为了便于经济活动而将古城的护城河填埋铺路，这与彻底改变环境修建水坝，都属于经济意义上的合理选择。今天，各地都在开始大力推行古城复兴与老式街区的重建，建设城市景观以及保护自然环境，这其中自然也包含着发展旅游资源的经济意图，但更为重要的是，在与外国人接触的过程中,日本人开启了一个新时代,我们可以扪心自问:"何为日本?""何为日本在世界上值得自豪之处?"

这种意识体现了对自己所赖以生存的自然环境与传统文化的尊重,也将反映在经济活动中,可以说是成熟的民族主义观。这种行为同时也是在为成熟期的日本打造足以传世的文化遗产。成熟国家必须发挥作用,支持并帮助这一行动的开展。

对本国的自然环境和文化传统保持自信,同时理解和尊重世界的多样性——这种以自立、共存为目标的友爱精神,才是成熟期日本的时代精神。

第四章

摆脱"大日本主义"

对日本民族主义解禁路线的忧虑

民众未必总是支持民主。这样的事情不只发生在希特勒身上,历史上不乏持反民主主义立场的政治家或政治势力依靠民众支持得以上台的先例,因此民主主义数度陷入困境。而当今世界,由于全球主义所引发的政治性后果,正面临着民粹主义与民族主义的异常扩张期。在陷入全球化疲惫期的各个国家,右派民粹主义的势力正在壮大,意图通过鼓吹民族主义将被撕裂的社会重新整合起来。不仅美国如此,在法国、荷兰等多个欧洲国家都能看到这一趋势,日本也正置身于这一趋势当中。

安倍首相在执政初期曾公开宣称要摆脱战后体制,并对东京审判表明了批判态度,只是最近一段时间他才有所收敛。欧美一度倾向于给他贴上历史修正主义者(revisionist)的标签。在安倍参拜靖国神社、宣布修改村山谈话与河野谈话之时,美国方面也表示了强烈的担忧,因为他的言行反映出他想改变战后日本对美国俯首帖耳的一贯做法。据我观察,时至今日,安倍依然没有放弃参拜靖国神社的想法。然而,他从开始的试图突破对美国的顺从,渐渐地、不自觉地修改为亲美保守路线。

所谓"战后体制",一般而言是指"旧金山和约体制"。

旧金山体制的意义在于，日本要反省战前的侵略行为，同时接受东京审判的结果，清除军国主义，成为和平的民主国家。正因如此，日本才得以回归国际社会，被接纳进入联合国。安倍意图"摆脱"战后体制，显然是与旧金山和约体制，也即由战胜国所建立起来的世界秩序唱反调。

联合国正统史观认为联合国因正义而胜利，日本因邪恶而失败。对此我并不以为然。我不认为联合国是因为得胜所以正义，日本因为战败所以邪恶。当然，对挑起"满洲事变"（九一八事变）和袭击珍珠港等行为，日本要承认错误。但是另一方面，联合国的正当性有许多问题，而且投放原子弹以及无差别大空袭等行为在国际法上同样存在不少问题。我认为，从研究历史的角度出发，继续实证性地研究这一课题，在政治上对其保持冷静关注，是非常有意义的事情。在前文有关伊拉克战争的内容里，我提到说日本一直没有对战争进行充分的总结。虽然我知道这可能牵扯到昭和天皇的责任问题，但是我认为，正是这股连天皇也难以左右的力量将日本引入了战争，而且为了避免日本人再次被卷入战争，必须调查和总结"大东亚战争"。

然而从联合国正统史观的角度看，无论是美国、中国还是俄罗斯（虽已不再是同盟），与韩国都是一致的。非但如此，二战末期世界上绝大多数国家都加入了联合国，包括意大利在内，轴心国方面仅剩日本和德国，因此两国至今仍被联合国宪章列为原敌对国家。假如日本想要成为联合国安理会的常任理事国，首先要做的就是去除联合国宪章中有关原敌对国家的条款。这也就是安倍参拜靖国神社以及批判东京审判，不但受到中韩两国的反对，也招致欧美国家的批评的原因。站在学术的角度对"大东亚战争"进行评价，肯定也好，否定也罢，都可以争论，但是如果将这种观点带入现实政治当中大唱反调，就是否定日本回归国际社会的条件，那么日本就要做好与世界为敌再度陷入战争的准备。

我并不认为安倍首相是真心希望打破旧金山体制，这不过是其对战后体制的厌恶和敌视之情的流露。这种情绪在日本的右翼势力中经常出现。

换言之，美国将民主主义作为战后的占领政策强加于日本，安倍首相正是想将日本人的民族主义从这一桎梏中解放出来。他的"摆脱战后体制""再现日本"等言论，大概也是出于想要解放日本的民族主义的心情吧。抑制民族主义的机制有很多，不仅有宪法、教育基本法等战后法规，还有作为战后民主主义中坚力量的进步知识分子，以及被他们视为根据地的朝日新闻、岩波书店等公众媒体、论坛、日本教职员组合（日本教育工会）等工会组织，外加受其支持的左翼政党。想要将上述机制逐一击破的这股激情似乎正在鼓舞着安倍。

消灭这些限制之后，也就是日本的民族主义即将迎来完全解放之时。然而,到那时将如何建设日本,则始终不明确,我从中感觉到了强烈的不安。另外,鼓吹将日本建设为闪耀在世界舞台中央的强国而煽动民粹主义、抬高自身支持率并非难事,但扩充了军事实力的日本民族主义会给国际社会,特别是给周边国家带来紧张感,我同样对此感到忧虑。

当前的国际局势是:美国霸权的缓慢衰退与中国的迅速崛起。在这一形势下,日本持续处于经济低迷以及人口减少状态,不只是安倍首相,许多日本人似乎都有了危机感,担心日本会被边缘化,沦落为亚洲的一个小国。日本曾是仅次于美国的经济大国,日本人的自信多源于此,如今日本人已丧失了这一精神依托,陷入某种认同危机之中。安倍的"日本民族主义解禁路线"恰好迎合了这种时代现状与国民心理。

外务省为了使安倍这一民族主义解禁路线不致走向反美的民族主义,巧妙地将其向亲美保守路线上引导。或许是外务省的策略见效了,安倍最近开始不再提及摆脱战后体制,反倒明显表现出对美从属以及对华牵制的态势。可以说现今安倍政府的内外政策走的是亲美反华的政治大国路线。

以前日本人将曾占领国——美国和共产主义的苏联作为民族主义的宣泄对象,现在却瞄准了中韩等国。显然,日本对美国的自卑感反过来逐渐演变为对中韩等国的优越感。利用国民的这种反华、厌韩情绪，期望以美国为后援，从而与中国竞争区域霸主的地位——这种"大日本主义"正是安倍政府的政治构想。

区域联合不失为一剂良药

陷入全球化疲惫期，阶层分化与贫困现象等引发的社会倾轧加剧，使得日本作为民族国家进行整合的难度加大。从现实情况来看，要想再度实现全国性的社会整合，办法有二：其一，走高调鼓吹民族主义之路；其二，走通过重新制定分配制度，努力实现社会公平之路。

当今世界范围内的流行趋势是前者，也就是将极端民族主义作为促进国家整合的手段。从国内政治角度看这或许是个合理的选择，而一旦将这种国内政治合理性无限放大，在国际政治上将彻底走入死胡同。盲目追求民族主义是在令国家作茧自缚，与周边国家的任何外交妥协都将化为不可能。"满洲事变"后的日本帝国便是例证。

国际社会是各种民族主义并存之地，如果各国不能将本国的民族主义关进适当的"笼子"里妥善管理，后果将不堪设想。一旦各国纷纷将民族主义这头猛虎从笼子里放出来，必将引发一个相互争斗的时代，直到有一方倒下为止。

为了不让日本重蹈这一覆辙，我由衷地希望，年青一辈的政治家们能够努力构建起对抗全球主义和民族主义的力量，并为之奋斗。因此，针对安倍内阁的政治大国志向与增长战略，我们必须旗帜鲜明地亮出与之相对抗的核心主张。我相信，我所提倡的"摆脱'大日本主义'"会成为集结各方力量的一面旗帜。

为了避免反全球化陷入以本国为中心的民族主义黑洞中，处于全球主义与民族主义之间的区域合作主义（开放的地区主义）或许是一剂良药。这个方案既不以某一国为中心，也不向全球化顶礼膜拜，通过与周边各国进行对话和协商的方式，解决单纯依靠全球化难以做到的问题，维护和平，消除贫困与歧视等社会问题。因此为了能让日本在东亚地区扮演中心角色，我提倡构筑东亚共同体。如果将全球化的思维方式称为"大日本主义"，我的区域合作主义姑且可称为"中日本主义"。

不追求成为常任理事国

为了践行摆脱"大日本主义"的道路，当今日本必须明确两个方针：第一，不追求成为联合国安理会的常任理事国；第二，停止使用核能发电。日本视"入常"与"核电"为政治大国的象征，曾长期将二者作为国策。同时，外务省和经济产业省作为日本负责推进全球化的国家机关,也将"入常"与"核电"作为本部门的利益支柱,不遗余力地加以推进。

成为联合国安理会常任理事国,曾是战后日本为了成为政治大国而设立的具有象征意义的目标。为了实现这一目标,外务省年复一年地投入巨大的人力、物力、财力。普通国民也认为,日本作为经济大国,理所当然地应在联合国拥有与之相匹配的领导地位。这好比许多女性梦想拥有爱马仕、香奈儿或者路易·威登的手袋并想挎在手上出门一样,日本不是为了成为常任理事国以后做点什么,而是要将这一结果本身当作大国身份的证明。不过多年之后,日本国民逐渐认识到这只不过是一个幻想而已。

日本成为经济大国之后承担着仅次于美国的高额联合国会费,因此自认为有资格成为常任理事国。但是,常任理事国不是靠经济实力决定的。世界上有些东西不管再怎么努力、再怎么有能力也得不到,再怎么有钱也买不到,就如同皇室的身份。常任理事国的地位也是一种身份,象征着由第二次世界大战的战胜国所建立起的国际秩序。因此,原轴心国成员想要成为常任理事国难于上青天。

常任理事国在国际社会上拥有特权身份,获准拥有核武器,即便实施侵略行为,联合国也无法对其谴责或制裁。美国入侵了巴拿马[1]，苏联入侵了匈牙利[2]，针对以上行为的谴责决议，在美苏的一票否决权面前毫无作用。想要让五大国做出等同于放弃上述特权的选择，无异于痴人说梦。《联合国宪章》中并没有关于成为常任理事国所需条件的规定。

正如中国所言："安理会的合法性根植于第二次世界大战的胜利果实"，"坚决反对以安理会改革为名试图对第二次世界大战的结论提出质疑的行为。"中国的意见如此，美英法俄四国虽然没有明说，但想法是一致的。汉语至今仍称"国联"[3]为"联合国"。战败后的日本有意无意地将"United Nations"译作"国际联合"，给国民造成了错觉，似乎一个公正而崭新的国际组织诞生于战后的国际世界，而日本由于将战败日称为"终战纪念日"，始终否认战败的事实，这完全是自欺欺人的行为。

对于希望成为常任理事国的国家来说，其周边国家无论是出于感情还是现实利益的考量，无一例外都表示了反对。

[1] 1989年12月—1990年1月，巴拿马运河主权移交前十年，美国为了保住在巴拿马运河的既得利益，突袭了巴拿马，并俘虏了当时巴拿马事实上的最高领导人诺列加。
[2] 1956年10—11月的匈牙利十月事件，又称"匈牙利事件"或"1956年匈牙利革命"。匈牙利群众要求改革的和平游行引发武装暴动，在苏联的两次军事干预下，事件被平息。冲突造成约2700名匈牙利人死亡。
[3] "United Nations"一词的日本译法"国际联合"的简称即联合国，而非1919—1946年间的国际联盟的简称。

一旦邻国成为拥有一票否决权的常任理事国，就意味着默认当遭受该邻国攻击时，本国将无法取得联合国的支持。因此可以说，反对邻国入常是一个国家的本能行为。正如中韩等国允许德国入常但对日本表示反对一样，意大利反对德国，巴基斯坦反对印度，阿根廷、墨西哥等国反对巴西，上述各国无论是从感情还是从国家利益的角度出发都持坚定的反对立场。

其实20世纪90年代初期，日本曾有一线加入常任理事国的希望。当时美国表示，愿意以共同参加联合国的军事行动为前提条件，同意日本和德国加入常任理事国。受此影响，外务省制定的战略是，推动与当时唯一的超级大国美国的一体化进程，协助其维持国际秩序的行动，希望借此巩固这一基础，实现加入常任理事国的目标。这就是所谓的"正常国家化"路线。

苏联解体后，美国—超体制得到确立，俄罗斯陷入混乱，而中国无论是经济还是军事，力量都还非常薄弱。在这样的国际环境下，日本开始推行正常国家化路线。然而好景不长，国际环境渐渐发生了变化，今日之时完全不复当年景象，因此在多极化时代，日本以美国为后援谋求成为常任理事国的战略已经不合时宜。但是外务省仍然不肯放弃这一战略。既然目标是成为政治大国，或许这面旗帜就不能倒下去吧！

平成17年（2005）时值联合国成立60周年，日本和德国、印度、巴西组成四国联盟（G4），以将四国列入常任理事国为中心，共同提出了安理会改革决议案。该决议案最终未能获得通过。

当时由于小泉首相参拜靖国神社，中日关系极度恶化，日本在与中国的正面对抗中迎来了联合国大会的召开。尽管外务省竭尽全力想要争取多数国家的支持，但是即便如东盟各国等长期接受日本经济援助的国家，也都在揣测中国的意思，没有任何一个国家站出来成为共同提案国。本该对此表示支持的美国也对德法拒绝支持伊拉克战争心怀不满，称"不赞成G4决议，若是日本+1的形式可以考虑"，并以此为由表示了反对。

平成22年（2010）是联合国成立65周年。四国联盟（G4）准备提出安理会改革决议案，却遭到了由韩国、意大利、巴基斯坦等国组成的"团结谋共识"运动（UFC）为代表的普遍反对，因此不得不中断提案的念头。按照规定，如要在联合国通过一项决议案，至少要获得三分之二（128个国家）的赞成票，而G4决议案仅有不到80个国家赞成，远低于规定的票数。同年5月，"团结谋共识"运动的成员国在罗马召开了反G4会议，120个国家与会。原本有望全票赞成的非洲联盟成员（54个国家），也在中国的攻势面前土崩瓦解，仅剩下12个国家赞成。

此后日本对于安理会改革活动仅限于口头表示，实质上的行动处于停滞状态。即便与中韩两国的政治关系有所改善，日本也难以撼动这一现实。应当说，外务省的"入常"外交已然受挫。如果日本无论如何都要成为常任理事国，首先要做的就是与中国和韩国等近邻进行彻底的和解，使日本真正受到周边国家的尊敬。

在这期间，日本并没有全民式的议论，没有讨论作为常任理事国的日本想要做什么。在这种情况下，日本仅仅把成为美国的最亲密盟友当成了自己的目的，削减核武器、限制武器出口等本应是日本率先主张的议题被有意回避，一味地通过政府开发援助（ODA）推行金钱外交。日本由于把加入常任理事国作为目标，反而陷入了限制自我发言权的外交怪圈之中。

联合国是奉行多边主义的国际组织，认为日美同盟神圣不可侵犯的想法与多边主义截然对立。日本仅仅出于成为常任理事国的目的，便期待获得美国的支持，并将日美同盟强化到极致，以至于不惜采取双边主义优先于多边主义的外交政策。面对迄今为止美国过火的单边主义行为，日本没有也无法做出任何批评。鉴于这种情况，日本即便表示将来要成为国际社会具有领导地位的大国，恐怕也无法取信于国际社会。各国对日本的看法是：既然总是采取与美国相同的行动，就没有必要成为常任理事国了。应当说，这也是各国的真实想法。

我在国际会议上多次受到过亚洲国家代表的奚落,说:"日本的立场不用问也知道,因为肯定会追随美国步伐。"这样的日本必然会遭受其他国家的轻视,除非在重视日美合作的同时,努力成为在多边框架下冷静但坚定地发出自己的声音的国家。

长年谋求加入联合国常任理事国的外交行动,具有政治大国化路线的意味。日本如果宣布不追求入常,"摆脱'大日本主义'"的国家形象将变得清晰明了。这等于明确表示,日本将否定与中国争夺区域霸权地位,同时决心作为中等规模国家与东亚各国共存下去。另外我相信,否定通过依附于美国而实现政治大国梦想,否定这种生存方式,日本外交的自由度将会大幅提高。

放弃核能发电

与联合国常任理事国的位子一样,曾被认为是大国标志的还有核能。拥有核能,也即拥有核技术是成为大国的条件。这种想法曾广泛存在于战后偏于保守的政界中。

在二战之前以及整个二战时期,日本军部曾推进过核能研究,但在美军占领时期,日本的核能研究被禁止。前首相中曾根康弘在回忆录中提及美军占领期间的往事,他写道:

"我曾特地向访日的杜勒斯特使表示,请求在日本恢复独立后不要限制日本对核能的和平利用。核能是'20世纪最大的发现',如果核能的和平利用被旧金山和约所禁止,日本必将永远沦为四等国家。我对此感到忧虑。"[1]

战前的日本作为第一次世界大战的五大战胜国之一,是国际联盟的理事国,自诩为世界的"一等国家"。因此中曾根康弘认为,独立开发核技术是恢复"一等国家"身份的条件。

战后日本的核能研究及核电实用化进程在岸信介内阁时代正式起步。岸内阁时期,中曾根康弘、正力松太郎(读卖新闻社长)等人先后就任科学技术厅长官,推动了日本的核电事业。岸信介表示:"核电技术本身无论是和平利用还是作为核武器使用都是有可能的。走哪条路取决于政策,这是国家意志的问题。即使是和平利用,随着核技术的进步,作为核武器使用的可能性也自然水涨船高。日本虽然不拥有核武器,但通过提高潜在的可能性,在裁军和禁止核试验等问题上,能够提升日本在国际场合的发言权。"[2]

总之,核能发电的终极目标是拥有大国重器——核武器。为了确保潜在的核能力,日本在政治主导之下构想并不

---

[1] 中曾根康弘回忆录《政治与人生》。
[2] 摘自《岸信介回忆录》。

断推进核电事业。当然这也引起了美国的警觉。因为战后的日德两国经济持续处于惊人的高速增长中，所以要阻止这两个国家向军事（核）大国化发展，将其限制在联合国政治秩序当中。这就是制定《不扩散核武器条约》（NPT）的用意所在。正因如此，历届自民党政府出于对该条约的不满，在13年的时间里对其签署和批准采取了无视态度。

在 NPT 的制约下，核电推进政策非但没有拓宽日本的大国道路，反而带来了恶果，阻碍了日本在政治、经济方面保持独立性。天然铀是核电的燃料，需要从加拿大或澳大利亚购买；浓缩铀的过程则需要将天然铀运送到美国或法国，由该国代为加工；使用过的核燃料则需要在法国或英国进行再处理。这就是核燃料的使用机制。日本必须与上述每一个国家都缔结双边协定，并持续接受该国的同意与监视。购买、加工、再处理，整个过程中存在着诸多限制。所谓的 NPT 体制，正是建立在这种歧视思想基础之上的机制，不允许日本任意使用核技术。

说句题外话，伊朗一直被怀疑假借和平利用核能的名义开发核武器。2012 年 4 月我访问了这个国家，并与时任总统艾哈迈迪·内贾德举行了会谈。当时我表示，日本即便是和平利用核能，却仍然引发了核电事故，从这一经验教训来说政府要负有很大的责任。随后我又表示，尽管日本还是受到了各种不公平待遇，但日本坚定捍卫 NPT 体制，历经时间的检验终于得到了欧美的信赖。希望伊朗也能为了取得欧美的信任而坚持不懈地谈判。之后鲁哈尼继任为伊朗总统。伊朗持续耐心地进行谈判，与欧美之间关于和平利用核能问题达成了一致协议，我感到十分欣喜。奥巴马总统在任期间，各方面相互妥协取得了来之不易的一些共识。但偏袒以色列的特朗普总统的上台，可能导致伊核协议付诸东流，伊朗与美国及以色列之间的关系也将会再次面临严峻态势。为了避免这一局面的发生，各方要求特朗普总统及共和党保持克制。

核燃料循环构想指的是扩大对使用过的核燃料进行再处理和再利用，希望摆脱来自外国的限制。无论是快增殖反应堆，还是因其不理想取而代之的钚轻水慢化反应堆计划，都过于危险，其他发达国家已经不再使用这一技术。日本终于下决心报废事故频发的"文殊"快增殖反应堆，但这30年来该反应堆耗费了国家1万多亿日元的税收，在未能实用化的状态下，每天需要高达5000万日元的维持费，给国家造成了巨大负担。如果还要考虑对承建核电站的地方自治体持续提供巨额补助及事故处理费用，核电绝不是什么廉价的能源。

战后历届自民党政府在日本不断推进核电，实则有着不为人知的企图，目的是在和平利用核能的名义下确保拥有开发核武器的潜在能力。但实际上，无论是在军事方面还是能源政策方面，核电开发都不会使日本获得自由行动权。从成为大国的目的来看，必须指出，推进核电开发实在是事倍功半的愚蠢政策。

缺乏处理放射性废物的方法，这是核电的致命缺陷。一旦发生核事故，危害之大，无可估量。世界各发达国家的能源政策是从使用核电不断向可再生能源、分散性能源转型。德国和意大利等国目睹福岛第一核电站事故之后，转而脱离核电。

经济产业省为了将核电出口作为增长战略，冠之以"核能复兴"等名称，并在国内不断增设核电站。福岛第一核电站事故使得该计划大大受挫。这种计划本该就此止步，依托核电经济赚取全世界财富之类的增长战略也理当停止，然而日本至今仍希望将其继续下去。

这是因为被称为"核能群体"[1]的既得权益集团不允许发生这种情况。然而这些人大错特错。正如东芝的核电部门破产所揭示的那样，核电经营根本无法长期维系。各个发达国家的安全基准正变得日趋严格，核电已经成为无法维系收支平衡的事业。即便是在发展中国家，居民对核电的批判立场也越发严厉，估计今后反对核电的运动将会更加活跃。现今

---

[1] 指围绕核电相关的权利和利益，由电力公司、政府官员和学者中的特定关系人士所组成的特殊的社会集团，也指这种关系本身。含有讽刺或批判的语气。

日本几乎所有的核电站都停止了运转，近似于零核电状态。如果政治层面能够指出脱离核电的大方向，则必定能将日本建设为不依赖核电的国度。

现在，继鹿儿岛县的九州电力川内核电站、福井县的关西电力高滨核电站之后，爱媛县的四国电力伊方核电站也已恢复运行。不过，随后大津地方法院裁定禁止高滨核电站3号、4号机组运行，但大阪高等法院又裁定允许其重启。从福岛第一核电站事故得到的教训是，日本到处都有活动断层，有发生巨大地震的可能性，是最不适宜建设核电站的国家，无论是在空间上还是在时间上，核电事故都将造成无可估量的影响。福岛核事故让日本看清了方向，日本应当尽快摆脱核依赖，并沿着这一方向，早日取消"核能群体"的既得权益。

另外，这也将促使日本把降低能耗与可再生能源产业作为成熟国家的支柱产业。特别是太阳能发电和风力发电，即使是在国土狭窄的日本也有充足的适宜发展的地方。近几年，这些环保发电行业取得了相当大的发展，但由于各电力公司的打压，发展势头遇到了阻碍，这令我感到非常遗憾。日本应该向德国和中国学习，近年来中国政府下大力气发展太阳能、风能，已经落后的日本要努力成为可再生能源方面的先进国家。而且日本是火山国家，在地热发电方面潜能巨大，只是由于地方的反对，地热发电未能发展起来。除了这些自然能源，还应加上水力、生物质能以及将来的氢能等可再生能源，应当把这些作为日本在成熟国家阶段不可或缺的产业加以培育并发展壮大。

还有，日本一直依靠从海外进口石油或天然气。从全球变暖的角度看，人们并不期望大量进口这些能源。尽管只是理论上的计算结果，据说蒙古戈壁沙漠潜在的太阳光、风力发电能足可供应整个亚洲的电力需求。内蒙古的潜力也很大。将上述地区的太阳光、风力发电，以及俄罗斯远东的水力发电等自然能源汇集起来，通过完善的输电网络输送到需要的地方，这就是亚洲超级电网构想。这一构想在软银集团的孙正义会长等人的主导下，正在中国、韩国、俄罗斯等国推进。虽然日本尚未完善电力进口的法律法规，但是进口来自自然能源的电力，我从这一设想当中感受到了巨大的魅力。如果东亚地区能够通过电网实现从供电地区向用电地区的电力输送，东亚地区就形成了能源命运共同体。这正是将东亚地区团结成东亚共同体的最佳方案，令人期待。

许多日本人由于惯性思维仍对核电抱有依赖，而福岛第一核电站事故的发生迫使人们开始认真反思核电。我们被"核能群体"所鼓吹的"安全神话"所蛊惑，忽视了核能发电的危险性，因此也丧失了对核能行政部门的监视能力，对此，包括我在内的政治领导者们必须做出深刻反省，细川护熙、小泉纯一郎两位前首相坚定地站在反核电运动的前列，我向两位前辈表示由衷的敬意。

从国家层面放弃核电，即指彻底断绝拥有核武器这一大国标志的念头，同时也意味着同落伍的增长战略分道扬镳。

如果说放弃"入常"外交是在政治上宣布摆脱"大日本主义"，那么零核电就是在经济上宣布摆脱"大日本主义"。日本今后究竟是继续走在"大日本主义"的老路上，还是摆脱"大日本主义"，"入常"与"核电"就是试金石。

致力于建设东亚共同体

我认为，摆脱"大日本主义"之路必然会走向建立东亚共同体。

鸠山内阁下台以后，日本政界失去了推动东亚共同体构想的动力，时至今日依然如是。其间，历史问题、"中国威胁论"、TPP等阻碍形成东亚共同体的几大因素渐次出现，近来的英国脱欧问题加深了人们对区域一体化的怀疑。

另一方面，尽管这些政治性的阻碍因素频发，但东亚地区的经济合作程度正在不断增强，已扩大为多层次的合作。东盟十国于2015年12月正式建成了东盟经济共同体（AEC），而日本、中国及韩国都分别与东盟签订有自由贸易协定。如果今后日中韩三国之间能够达成自由贸易协定

(FTA），就等于达成了东盟＋日中韩三国的自由贸易协定（10+3）。如今东亚地区的区域内部贸易比例已经达到60%，足以比肩欧盟；区域内部直接投资比例则达到了70%。而且一般认为，该地区将诞生庞大的中间阶层，涵括十几亿人口。所谓中间阶层，通常被定义为有能力购买一辆汽车的阶层。实际上，这十多年里，东亚已从"世界的工厂"转型成了"世界的市场"。

东亚共同体构想发轫于亚洲经济危机爆发之际，起初被设计为"金融的共同体"。如今东亚共同体已成为"生产与贸易的共同体"，今后将会进一步发展为"开发与建设的共同体"，实现新的飞跃。

东亚地区存在着无比庞大的产业基础设施需求，这离不开日本的资本和技术。亚洲基础设施投资银行（AIIB）作为习近平主席所倡导的"一带一路"构想的实质性机构，在中国主导下得以成立，该机构的设立顺应了东亚发展的上述历史趋势。因此，如果看到"中国"二字就对其避之不及，并不符合日本的国家利益。我的主张是，日本应当加入亚投行，不但与亚洲各国合作，还要与英德法等西欧国家共同携手，为将东亚的"建设型"共同体打造成为欧亚大陆级别的广泛活动而发挥作用。这样日本就能同东亚及欧洲各国一道，将处于上升期中国的膨胀性能量引导到经济开发的方向上来，这是从内部积极促进中国动向平稳化的方法之一。而这也是我就任亚投行咨询委员的原因。我希望亚投行将成为这样一个机构：重视欧亚大陆国与国之间的联系，为发展中国家的经济发展项目提供支援；从地球环境的角度出发，着眼于绿色基础设施建设；也会从民间筹措资金以促进地区基础设施开发，同时为地区和平做出贡献。

基于同样的观点，我认为日本必须在签署《区域全面经济伙伴关系协定》（RCEP）上发挥主导性作用。在本书第二章中我提到，RCEP协定不是由中国主导的构想，而是日本主张东盟+6（日中韩三国加印度、澳大利亚和新西兰），中国再以此为框架做出让步，继而使该协议作为东盟主导下的构想被提上议程。对东亚地区来说，该协议不像TPP那样将地区各国划分为亲美派和亲中派，并且澳大利亚和印度的加入，也将在一定程度上制约中国的影响力。可以说，无论是在政治、经济上，还是在区域关系上，RCEP协定都是适合于东亚经济合作的框架。

不过我也要重申，决不许RCEP像TPP一样最终沦为使跨国企业单方面受益的工具；或者为发达国家提供便利，例如使其可以打着保护知识产权等名义威胁发展中国家普通国民的生活。必须以包容、友爱的理念为前提去建设RCEP。

我并非要否定适度的对华抑制政策，但是像现在的安倍政府那样不遗余力地构建对中国的包围网，无论是对日中两国，还是对东亚地区的各国来说都不是令人愉快的事情。中国正处于上升期，面对其膨胀性倾向，我认为从外部施加军事性封锁难以奏效，在推进多边框架和共同事业的过程中，从内部发挥影响力才是行之有效的办法。提到共同事业，比如北京重见蓝天计划，还有我曾与温家宝总理之间约定过的东海油气田共同开发等，都是非常合适的项目。

现在最为迫切的是要改变对华的敌视政策，增进日中两国及东亚地区间的政治互信，将处于前进中的东亚经济共同体发展而为"不战共同体"。因此有必要成立东亚共同体会议这一机构，使得东亚各国能够就教育、文化、科学、经济、金融、贸易、环境、能源、医疗、社会福利、防灾及安全保障等所有领域的问题随时展开讨论。另外，应当以《日中和平友好条约》《东南亚友好合作条约》的原则为基础，学习欧洲的安全与合作组织，把早期预警、平息纷争作为重点内容，将成立东亚安全保障会议确定为日本外交的新目标。

我一直怀有一个愿望，将上述机构建在冲绳或者韩国的济州岛上。因为冲绳仍有美军基地存在，并发挥着军事上的关键作用。但未来的冲绳将不再是作为军事基地的岛屿，而应当作为东亚共同体的基地发挥维护和平的作用。济州岛的情况也不一般。当年由于诉求南北统一，致使许多人在那里死于非命[1]。在东亚安全保障方面，朝鲜自然是最大的问题所在。我期待着济州岛也能成为东亚走向和平的原点。

在我看来，这个日本外交的新目标发展性地继承了日本战后的国际合作主义，并且是在中美两国之间谋求政治和经济独立的有效举措。日本必须将自身从日美同盟神话和"中国威胁论"的束缚中解脱出来。

实现自主与共存的决心

我既不是军事专家，也非经济专家，所以至此我所阐述的意见建立在非专业人士常识性的基础之上。在专业官员等职业人士看来，这些外行言论如此不切实际，因而不屑一顾地拒绝接受。但是，通过选举上台的党派政治家根据自身的哲学观点和识见，对事关国家方向的重要政策做出负责任的判断，这是民主政治的内涵。归根到底，所谓议会制民主主义在一个默认前提之下才能够成立，即比起职业官员和军人等专业人士，选举出来的非专业人士在综合判断能力方面更胜一筹。这一点的正确性早已为众多历史经验所验证。

[1] 1948年4月3日发生在韩国济州岛的民众抗争事件，史称"济州岛四三事件"，又被称为济州岛大屠杀，是韩国现代史上仅次于朝鲜战争的悲剧性事件。

职业官员和军人等专业人士有时会做出极不合理的错误判断。当然不能否认他们也是以国家为念，但他们最大的缺陷就是容易将本组织的利益与国家利益混为一谈，认为维持自己所属官僚机构的发展就是契合国家利益，这是官僚组织的本能习性。当年在走向战败的过程中，陆军参谋本部的军事精英们主张"依靠本土决战取胜"。一旦承认战败，军部组织将会解体，他们毫无道理地将组织的存亡看得比日本的存亡还重要。对此，昭和天皇表示"而尚欲继续交战焉？终招致我民族之灭亡也"，根据常识性的判断驳回了他们的主张。

东京大学名誉教授三谷太一郎是文化勋章获得者，也是日本政治史领域的泰斗。对安倍内阁的战后70年谈话和修宪允许行使集体自卫权，他批判道："安倍内阁正越来越倾向于专业人士治国。""日本在各个领域对专业人士的控制不断走向弱化。民主式领袖必须是能够统领专业人士的通才。发动太平洋战争的决定，就是将判断委托给军事专家的结果。这是极大的错误。"[1]

我对安倍政府的"专业人士治国"也不无担忧。无论是经济、外交还是防卫，乃至于皇室问题，安倍政府一概将重要问题交由号称有识之士的专家学者去解决，甚至让人觉得

---

[1] 摘自《每日新闻》，平成27年（2015）8月15日。

国会几乎只剩下一具空壳。这些所谓有识之士的专家学者，将问题导向职业官僚们所希望的结论，成为职业官僚躲在暗处的幕僚。有识之士和官僚无须承担政治责任，但对于这些人所拥有的对国家大方向的决定权，我同三谷先生一样，感到深深的恐惧。

20世纪30年代至40年代前半期的日本正处于战争状态。这是一个由军部和革新官僚控制专家学者，继而控制国家的时代，政党政治的衰弱催生了这样一个不正常的时代。当帝国主义呈现强弩之末、民族解放运动开始蓬勃发展之时，那些军事官僚仍固执地将军事合理主义当作正义去追求，日本正是在这些人的拖拽下，从"满洲事变"开始，最终走向对美英开战。这段历史不容忘却。

鸠山政府的政治构想包含了五大原则：一、改变完全任由官员控制的政治，实现由执政党负责且政治家主导的政治；二、取消将政府与执政党区分使用的二元体制，推行由内阁决定政策的一元化政治；三、破除中央各部纵向分割的部门利益，代之以政府主导的国家利益；四、将纵向型利益社会转变为横向型合作社会；五、将中央集权改变为区域主权。不得不说，我和民主党的力量还不够强大，虽然提出了这五大原则，但距离实现还有很长的路程。然而现在的日本似乎正走在完全相反的道路上，因此非常有必要重提这五大原则。

弗朗西斯·福山在《政治秩序的起源》一书中指出，导致国家衰退有两个必然因素："一是制度无法应对新状况，二是国家为利益集团所占据。"围绕核电，日本的政界、官界、业界，加上学界、媒体形成了五边形勾连的结构。福岛第一核电站事故发生时，这种利益结构被称作"核能群体"，成为人们议论的话题。日本在经济高速增长时期形成了许多类似的利益集团，这些利益集团至今以"群体"的形式存在，被落伍的大国志向所绑架，始终执着于增长战略。鼓吹日美同盟神话的"安保群体"也是其中之一。

专业人士思考的是"不动的现实"，然而这种"不动的现实"有时却会发生很大的变化。比起囿于概念的官僚或者专业人士，作为外行的普通人或者党派政治家，他们察觉动向的能力要高一筹。感受到时代环境的变化，指出大的前进方向，这正是政治的作用。在重新审视全球化的今天，我不得不提醒自己，是否强烈感受到了这种历史的变革。今后日本的前进方向是继续强化日美同盟、推行经济增长战略，沉浸于民族主义和民粹主义，还是应当通过区域合作，摸索自立与共生？现在正是选择摆脱"大日本主义"，抛却"大日本主义"的幻想，迈向摆脱"大日本主义"之路的大好时机。

我坚信，只要日本下定决心走向自立与共生，那么虽然摆脱"大日本主义"之路崎岖坎坷，但终究是可行之路。我还相信，走向摆脱"大日本主义"之路的日本，终有一天，将会作为有尊严的国家受到其他国家的尊敬和欢迎。

解读"尴尬共存"的时代

外 一 章
内田树

首先谈点我与鸠山先生的私交。

初次拜会鸠山先生是在2010年4月,正值他在总理大臣任上。承蒙参议院议员松井孝治先生(时任官房副长官)之邀,我与高桥源一郎先生得以同鸠山首相共进午餐。在赤坂的一家餐厅,我们一边用餐一边交谈,足足谈了一个半小时。对我和高桥先生来说,不论是赤坂的高档餐厅,还是这样的大人物,本来都与我们无缘(与其说是无缘,不如说是被疏远),所以接到邀请时,感到诚惶诚恐。但是我们不想错过和总理大臣面对面交流的机会,因此如约前往。

对于我们略显唐突的提问,鸠山先生认真地逐一做了回答。他给我的印象是为人谦和。我不知道这是不是作为政治家所必需的资质,也不知道评论政治家时是否要把这一点排在首位。但是,毫无疑问,我真心觉得面前的这个人是个好人。

后来鸠山先生辞去了总理大臣一职,不久又辞去国会议员的职务。在那之后我又见过鸠山先生几面。令我惊讶的是,鸠山先生不论是担任总理大臣期间,还是在卸任以后的私人场合,言行举止几无变化。现实生活中,地位越高越自命不凡,失去地位便失魂落魄,这样的人不在少数。而鸠山先生担任总理大臣时完全没有架子,会认真倾听别人谈话,离开官场后也一如既往,腰板笔直、举止端庄地聆听别人说话。看得出来,"地位"对他的为人处世没有任何影响。对于曾经的公众人物，即使失去昔日的辉煌，依旧能够泰然处之，葆有一颗"恒心"，这并非易事。

有一次，我邀请鸠山先生来神户的凯风馆参加我主持的一个谈话节目。结果鸠山先生连秘书都没带，一个人乘坐新干线从东京来到了新神户。我听到后大吃一惊。没有人会认不出鸠山先生，不但媒体上曾有人言辞激烈地攻击过他，他所搭乘的汽车还曾遭遇过右翼街头宣传车的围堵。这样一位曾经的首相手提一只小皮箱，坐着新干线就赶了过来，我觉得他实在有魄力。即便在街上被陌生人当面谩骂，仍然能够心平气和地应付过去，或者自信"能够"于情于理地说服对方——如果没有这种能力，断然不敢如此行事。除了鸠山先生，我还没有见过第二个像他这样的人。

鸠山先生打电话说希望我能为他的这本新书写一篇"解读"，我当即应承下来。因为我很想知道，他会用什么文体来写这本书。

我对鸠山先生担任总理大臣时的几篇演讲印象深刻。这些演讲都有专门的执笔人起草，也就是松井先生和剧作家平田织佐先生。当然他们非常了解鸠山先生的为人和思想，在尊重其语言风格的基础上将其改写成演说稿，但这毕竟是"别人写的语言"。我想看看鸠山先生自己的文体是什么样的，用怎样的笔触来书写，怎样排列文字，会用什么样的事例来支撑自己的论点，又用怎样的逻辑来驳斥反对意见——

这些让我兴趣十足。

我把样书通读了一遍，第一个感觉是论调的"热度不高"。

本书旨在论述现代日本的政治进程，其中也包含了若干鸠山先生自己作为当事人的有关事例。这样的内容免不了会让作者要为自己的立场辩护、数落政敌或反对者的过失。但是即便在如此情况下，鸠山先生也竭力避免提高论调的"热度"。我想可能是他的秉性使然。尽管身为一个政治家，但他非常反感煽动和蛊惑他人。

他将自己作为书中角色记述了现代史上发生的事件，阐述了自己的政治纲领，描绘了日本今后道路的前景，同时还能保持非常客观的表述，这让我再一次感受到了他所具有的与众不同的特质。这本书既不是政治家的回忆录，也不是论争性的文章，更不是政党纲领的概说。如果一定要找到一个类比，那就是一个极其了解日本的、第三国政治学者写的关于日本政治进程的研究报告。

当然，鸠山先生毕竟是书中政治事件的当事者。因此他在书中偶尔也会释放一下个人的情感，有时难以抑制对不合理现象的愤慨。但是，他自始至终都在试图尽可能冷静而中立地描述日本的政治。前面提到，能够保持如此高度的克制极其难得。如果阅读数十页而隐去作者姓名，被告知说"这是英国政治学者所著论文的一部分"，应该也会有人相信。

能够写作这样文章的作者，在日本的政治家中能有几人？其与众不同之处，自会引发读者的感叹。

永远无法成为政治大国

本书论述了许多议题，但中心内容是倡议日本应以中等国家的身份成为东亚共同体的核心推动者。"东亚各国间只有通过建立多边安全保障框架，才能缓和东亚地区紧张的局势，抑制区域霸权国家的行动，确保包含日本在内的中小国家的独立自主。"[1]

摆脱"大日本主义"，就是要从夜郎自大的幻想中清醒过来，不再谋求成为政治大国。日本虽然是经济大国（能维持多久却是未知数），但是不具备成为政治大国的实力。战后日本从未成为过政治大国，今后也不会，因为日本是美国的附属国，这一点不容忽视。

正如鸠山先生所引述的2012年的《阿米蒂奇报告》，以一段威胁性语言开头："日本是希望继续保持一流国家，还是觉得沦落为二流国家也无所谓？倘若日本的国民和政府满足于二流地位，这份报告将毫无意义。"如果一个国家是受到这种恐吓之后才战战兢兢地表示要成为一流国家，其

---

[1] 引自本书"前言"。

他国家也绝不会将这样的国家视为"一流国家"。日本的领导人完全看不到这一点,可见其作为附属国国民的心态根深蒂固。

日本要加入联合国安理会常任理事国几乎没有国家表示赞成,其原因是"即便将日本推上常任理事国,不过是美国又多了一票"。但是我们没有一个外交官予以反驳说:"不,关于美国的国家行动,应当反对的时候日本会坚决反对。"我们找不出任何一个这样的真实事例。

日本既不是政治大国,也永远成不了政治大国。若想成为政治大国,日本只能成为独立于美国之外的主权国家。如果日本能够缩减或撤销冲绳的美军基地,修订日美地位协定,收回首都上空的主权,表现出不甘于附属国地位的气概,国际社会或许会承认日本具备追求成为大国的资格。但是日本追求通过对美国顺从以实现政治大国化,是不会有国家正眼相看的。

日本是"中小国家"之一,这是日本的适宜定位。如果日本坚定保持中小国家的自知之明,就不会畏惧阿米蒂奇之流的恫吓,就能够"对外加强与东亚各国的合作,对内在经济发展低迷的情况下,实施新的分配政策,应当面向世界建立一种成熟国家的新型国家模式"[1]。鸠山先生提议这才是日

---

[1] 引自本书"前言"。

本在国际社会应当扮演的角色,我对此投赞成票。

提升作为中等实力国家的影响力

日本是中等实力国家,与其说这是主体性的选择,倒不如说这是人口统计学上的必然结果。日本的人口正在以空前的速度递减。以中等水平推算,预计2100年人口为5000万,在今后不到80年的时间里将减少7000万人,平均每年减少90万人,到那时老龄人口比例为41.1%。从未有任何一个国家经历过如此剧烈的人口减少和老龄化。谁也无法预测将来会发生什么,我们只知道,社会形态将与现在完全不同。

因此,日本计划将引入人工智能(AI)。对于因AI导致的失业问题有着各式各样的说法。有人估算就业总量的40%将会消失,也有人认为60%的行业会失去30%的就业机会。除去"就业将急剧减少"之外,任何人都无法预测未来。

无论从哪个角度看,日本的国力都只有可能下降,而绝无可能上升。然而,日本拥有充足的自然资源和人文资源。有温带季风带来的丰饶的自然环境,有多样的植物区系和动物区系,有深谷秀林、甘甜的水源,有神社佛阁以及众多的旅游资源,社会基础设施完备。最重要的是,作为长达70年的和平主义的成果,日本拥有世界顶级的治安水平。

2016年的数据显示，日本每年枪支致死者为6人，而美国为33599人。如果美国要达到"日本水准的优良治安"，恐怕必须连续几十年投入天文数字般的国家预算。这些国家资源是无价之宝，如果善用这些资源，今后日本将能够承受住人口减少和老龄化带来的消极影响，作为中等实力国家持续展现出相应的影响力。

然而现在的自民党政府所瞄准的是走向战争的投名状，是向着防卫产业进行产业结构的转换；是奥运会、世博会以及赌场所代表的"面包与马戏"式[1]的无穷尽的消费；是向修建磁悬浮列车等巨型公共事业进行投资，但这些对人口减少的日本来说全无用处。这就好比捉襟见肘的赌徒把全部家产作为抵押，冲入赌场赌一把"起死回生的一战定乾坤"。他们会输得一干二净，这是明摆着的。但是，有政治大国志向的人在徒劳地极力呼喊："只有这一条路可走！"思考陷入停滞的媒体也在追随他们的步伐。我虽然很想奉劝他们适可而止，悬崖勒马，清醒过来直面现实，但是在现代日本，"上层人士"们无一例外地都在忙着做春秋大梦。

---

[1] 意指"小恩小惠"。古罗马时期，统治者常常向公众无偿提供面包和马戏观赏，用以安抚其不满情绪和笼络人心。出自古罗马著名讽刺诗人尤维纳利斯（Juvenalis，60—130）所写的16首讽刺诗的第10首。

尴尬的共存与东亚共同体构想

向中等实力国家平稳转型是否会成功,日本人自己就能决定。但是"在东亚组建多边安全保障框架"一项上需要他国参与,这一构想是否真的具有现实可能性?

距今 20 多年前,美国的未来学家劳伦斯·托布预见了东亚共同体的出现。托布预测中国(包括台湾、香港、澳门)、日本、韩国、朝鲜迟早要成立区域集团——"儒教圈"。

"我之所以这样说,是因为上述各国拥有许多共同点,这些共同点能够使区域集团稳定地发挥作用。这些国家和地区全部位于同一区域,拥有共同的宗教、同源的历史、语言、人种以及其他文化特征,明显有别于其他国家和地区,因此具有很高的经济协调性。"[1]

托布列举了成立儒教圈有较大可能性的理由,反过来说明上述国家和地区未必是单一政体。日本、韩国和中国台湾属于同一分组,中国大陆和朝鲜则不同。托布认为,这种差异会进一步提升成立儒教圈的可能性。

"通过将两个经济体制相反的国家组合为单一集团,儒

---

[1] 劳伦斯·托布《三个原理》,神田昌典监译,钻石社 2007 年,163~164 页。

教圈集团将成为世界性潮流的一部分。这一潮流指的是,改组冷战时代的阵营划分,将曾经的敌国联合起来并保持良好的平衡性,形成区域集团。南面已经形成的东盟集团(ASEAN)正是如此。另外两个北面集团也与儒教圈集团相同,是冷战时代的共产主义国家与资本主义国家的组合体。"[1]

托布这里所说的"另外两个北面集团"指的是东西欧各国组成的"欧洲",以及美国、俄罗斯、加拿大和北欧各国组成的"北极圈"。

我第一次听到托布的观点是在 21 世纪最初几年。(原书写成于 1995 年。侨居加拿大的人告诉我说:"有一个美籍学者与众不同,他倡导'东亚共同体'概念。"我很感兴趣,于是就要来了这本书。)托布的一体化概念认为美国和俄罗斯会共同组建经济圈,这在当时的人们看来完全是荒诞不经的。然而,现在的美俄关系已经难以再用冷战时代单纯的对立关系来解释了。美俄两国无论是政治文化还是国家政体都各不相同,但是为了共同的利益,在国际社会的权力游戏中作为"伙伴"而出现,我对此已经见怪不怪了。

"曾经敌对的国家联合起来组成集团并保持均势"的潮

---

[1] 劳伦斯·托布《三个原理》,神田昌典监译,钻石社 2007 年,170~171 页。

流确实存在。这并非现在才有,欧盟即是如此。德法两国自普法战争以来的80年间发生了三次战争,两国合计阵亡1000万人,彼此互为"世界史上相互杀戮最甚的敌国"。但是战后德法两国建立了同盟,构筑起欧盟的基础。日美同盟同样如此。太平洋战争中日本阵亡155万人,美国阵亡11万人,各自付出了建国以来最多的阵亡人数,但如今的日本却是美国最忠实的"盟友"。

历史经验告诉我们,"热战"之后敌国可以一夜之间变成盟国。谁又能说"冷战"之后就不会上演同样的事情?

众所周知,最近美国的政治学家们在验证国际关系论的时候,偏向于"与价值观不同的国家共存"的主题。美国不参加亚投行(AIIB)的决定受到相当多的美国政治学家的批评。谢淑丽表示:"如果它符合美国的利益,即便是中国发起的国际构想,我们也应该予以支持。"与其持相同观点的政治家、政治学家并不在少数。事实上,美国对亚投行和习近平倡导的"一带一路"构想的态度以及退出TPP的行为都在暗示着,美国暂时搁置了将该经济圈打造成带有地缘政治学性质的"中国包围网"构想。

不妨认为,如今的美国已经开始准备适应"所有的合作形式"。有位英国政治学家写道:"自由主义各国与非自由主义各国尴尬共存的时代,也就是合作与竞争并存的时代。我们应当做好思想准备，迎接它的到来。"[1] 我认为，"尴尬的共存"准确地概括了当今时代的特征。

按我的理解，鸠山先生的东亚共同体构想同样是如此。它也是日本与价值观、政治经济体制迥异的国家和地区"尴尬共存"的一种表现形式。

必须指出，如果有政治家认为区域合作和组建同盟应当建立在价值观一致或国民有共同情感的基础上，那么只能说这个人的外交感觉是一个中学生的水平。外交决定要服从国家利益的最大化，与个人的理念和好恶无关。国家决策层必须以智慧的眼光，能够以同等的精准度慎重考虑一切可行的选项。恐怕如今日本的政治家、官僚和媒体从业者们最为欠缺的，就是这种智慧。

我认为，鸠山先生倡导"友爱"正是出于这种务实态度。正如我们从鸠山先生的政治阅历中读到的那样，他不会把理解和共同情感作为政治性组织的基础。实际上在几乎所有时期，他都与受政治理念分隔的其他人处于"尴尬的共存"当中。然而，人们看不出他对此有任何不满，他仿佛坦然接受了"所谓政治即是如此"。

或许鸠山先生经常思考的是，如何充分利用手中的资

---

[1] 罗宾·尼布莱特《欧美的衰退与国际体系的未来》，外交事务报告，2017年01号，15页。

源,以从中取得最大的政治成果并将日本的国家利益最大化。无论是从人才的角度,还是从可以选择的政策角度看,日本"手中的资源"都少得可怜。虽说如此,但是抱怨这种条件下无法实现自己的政治理想没有任何意义,唯有千方百计地发挥已有的条件。如果能够保持这种姿态,我们将能够用理性的目光审视手中的资源,并寻找它蕴藏了怎样惊人的潜力。

友爱的实践

克洛德·列维-斯特劳斯在人类学野外调查中观察过巴西马托格罗索州的印第安人。他们在丛林中过着迁徙生活,因而能够搬运的家当相当有限。所以他们非常善于利用已有资源,一根棍子既可以当作农具、武器、玩具,也可以是巫术道具。拉美印第安人追求尽可能多地发挥一件物品的潜在可能性,列维-斯特劳斯将这种能力称为"万能工具"(充分利用手边之物)。

类似的事例在中国古代也有。孟尝君号称"食客数千人",曾两次被"鸡鸣狗盗"之徒所救。孟尝君豢养门客的时候,并不知道这些人能有什么用,但他的直觉告诉他或许有一天这些门客能救自己一命。

这两个例子都告诉我们,要抛开成见,仔细观察、了解手中已有的资源，寻找其中蕴藏的一切可能性，发挥想象力，将这种可能性释放出来，这种态度十分重要。我认为，鸠山先生通过"友爱"这一政治姿态所践行的正是这个道理。

写得有点多，超过了预定篇幅。这本书给了我很多启发，令我思绪万千。我不确定这些文字能否算作一篇"解读"，但是我想尽可能地让更多的人了解到，鸠山由纪夫是一位才智过人的政治家，也是一位偏见极少的政治理论家。

（作者为日本思想家、武道家）

鸠山由纪夫与
前驻华大使丹羽对话实录

附 录

鸠山　非常感谢您于百忙之中前来一叙。昨天在日中友好协会的会议现场咱们刚见过面。

丹羽　是的。

鸠山　2017年6月我的《摆脱"大日本主义"》一书在日本出版，中国读者希望我能译成中文在中国发行。为了让这本书的内容更加充实，想再与丹羽大使谈谈。谢谢您的支持。

丹羽　您太客气了。

鸠山　有几个问题想请教大使先生：您在经商的时候就和中国有着很深的交往，特别是您在驻华大使任上有哪些感受；另外，最近您写了一本书叫《战争的大问题》，有关这本书的一些情况；再有就是您后来作为日中友好协会会长，开展了哪些工作。

丹羽　您不必客气，尽管问好了。

鸠山　我在卸任首相之前，和时任外务大臣冈田克也有过一次谈话，我们商定派一位民间人士出任大使，我提议由您来做这个大使。于是就把这个使命托付给了您。

丹羽　这件事我印象很深。

鸠山　2010年6月您作为大使走马上任，与此同时我辞去了首相职务。我如果能够再多执政一段时间，就能和您一起共事了。但事实上任命您以后我就卸任了，这让我现在都觉得遗憾。从民间起用大使，特别是担任驻华大使，是前所未有的事情。

丹羽　确实如此。

鸠山　直到现在我都认为当时的决定是正确的。

丹羽　感谢您的信任。

鸠山　作为民间人士被推选为大使，您最初的感受是什么？

丹羽　我以前当过经济财政咨询会议的委员，还有地方分权改革推进委员会的委员长。而且我与麻生太郎先生（现任财务大臣、副首相）以及担任总务大臣时的鸠山邦夫先生，都有着较多的来往，对于政府的情况是有所了解的。另外我和中国方面差不多有长达30年的交往，不但对中国的情况有一定了解，也认识一些中国外交部的官员。因此我不觉得这次任命有什么不妥，反倒觉得是个很好的机会，能够充分发挥我的人脉优势，于是我接受了这份委任状。果然，不少以前的中国老朋友也都先后得到了晋升。

鸠山　那真是不错。

丹羽　人脉关系对我的帮助非常大。记得在我担任大使期间您来北京访问，我还到您下榻的饭店拜访过您。

鸠山　是的，我还去了新修的大使馆。

丹羽　之后不久，2011年1月底到2月，大使馆迁入新址。

鸠山　搬迁使馆好像遇到了不少麻烦。

丹羽　是的，遇到麻烦的不只是日本，其他使馆也一样，印度使馆从建成到搬迁差不多拖延了两年。

新修的法国大使馆就在日本大使馆附近，和日本大使馆同期落成，但是搬迁工作也推迟了两个多月。因为这件事，我们可没少受自民党方面的批评，诸如"大使是干什么的？既然都已经建成了，为什么两个月都搬不过去？"之类的。

鸠山　可真是的。

丹羽　也有人指责我整天不务正业，真是一言难尽啊。虽然困难重重，但是大使馆方面始终都在尽最大努力交涉这件事。

鸠山　您可真不容易。（笑）

丹羽　担任大使期间，关于大使馆工作人员的管理，我曾向外务省提议：虽然算不上是人事权，但希望可以有考核权，比如说也允许大使进行人事考核，因为如果不这样做，大使说话就没人听。这一提议被否决了，理由是没有先例。完全由外务省一手掌控。

他们说驻华大使可以对馆员进行考核，但是如果馆员自评和大使评语不一致，最终的评价还是由外务省来负责。如果将来只有驻华使馆的馆员成绩优良，超过英美使馆，那就不好办了。还是应该从全球的角度考量这个问题。

鸠山　是这样啊。

丹羽　我在信中说，应该让了解一线情况的人员负责打分评判。

鸠山　是写给事务次官吗？

丹羽　是的。我希望他们能考虑一下，但是我被告知在法律上不可行。因为不只是外务省，所有的政府部门都是如此。

鸠山　是从法律角度说的？

丹羽　简单来说，所有的政府部门都认为考核驻外员工要站在全球的角度，应该由本部门负责。

　　　无论怎样，我还是希望能把大使的评价作为参考，大使可以对总领事及以下的各级馆员给出参考评语。据说这件事已经得到外务省的同意。不管真假，这样一来，馆员对大使的态度一定会发生改变。

鸠山　是的，肯定会有所改观。

　　　从大使的角度看，在青年官员特别是在知华派里面，有没有人会因为外务省表里不一而感到烦恼呢？

丹羽　当然有。而且，绝大多数的报社记者都说"丹羽大使说得对"。

　　　既然如此，我真想对他们说"那你们写一篇报告呀"。（笑）

鸠山　如果真写就好了。

丹羽　可是就算写了也会被退稿的吧？

鸠山　是吗？（笑）

丹羽　主编肯定会把稿子撕个粉碎。

鸠山　一定的。

丹羽　绝对看不到有关中国的正面报道。相反，那些中国的负面消息，比如 GDP 下降，或者是经济不好之类的信息，即使是芝麻大的事都要大肆宣扬一番。

鸠山　所以，媒体和政府之间的关系过于紧密了。

丹羽　是的，现在依然如此。

鸠山　还不只是因为政府会给媒体提供消息。

丹羽　和特朗普总统一样，要是谁写了什么负面消息，权力人物就会给你施压。

鸠山　是这样的。

丹羽　所以，如果报道中国的负面消息，主编就会给你很高的评价；如果只报道中国的正面消息，主编就会觉得你想法偏执。这就成了一种导向，现在的情况还是这样。

鸠山　因为主编要揣摩政府的意图。

丹羽　这是日本的顽疾。

鸠山　这样当然不行。

丹羽　对，这比想象的要严重得多。

　　　应该把对中国的正面消息原原本本地报道出来。可是就算写了一些对中国的正面报道，媒体还是会戴着有色眼镜看问题，采取不友好的态度。只报道中国负面消息的人就会得到赞许。不只是那些立场偏激的报纸，即使被认为是有良知的报纸也是如此。这一点今后恐怕也不会有多大变化。

鸠山　没错。

丹羽　政坛就是这样。所以，或者凭借首相的威严，或者其他阁僚的权势，向媒体表示不满，媒体自然就会改变腔调，但现实不该如此。

鸠山　是的。

丹羽　在民主党处于强势，而您又因为冲绳问题等事件被议论纷纷的时候，如果阁僚能异口同声地表示支持，那么报界也不得不支持您。

鸠山　阁僚是政府中的最高级别，所以应该支持政府的观点。这代表政府最高级别的发言。

丹羽　是的。但是既然自民党迟早要重新上台，那么如果不听自民党的话，媒体人就会被贴上曾经支持民主党的标签。这还真让人为难啊。虽然特朗普先生性情直率，言谈举止无所顾忌，但所有的政治家都差不多。

鸠山　的确，媒体如何保持与政府间的距离，这个问题有时会左右整个日本的进程。媒体决定了国家的方向。

丹羽　舆论的影响力非常大。我想表达的是，媒体人应该听取有良知的政府及国民的呼声并诚恳地予以回应。只

	考虑个人的飞黄腾达或有没有广告收入，以及那些动机不纯的新闻报道，这些都不该是媒体的正常行为。虽然做起来很难，但是必须努力争取。
鸠山	是这样的。现在的媒体，特别是报纸刊物，由于无纸化阅读的出现，经营相当困难。所以媒体很少有敢和政府作对的。也正因为这样，从某种意义上说，媒体人的价值观正在经受考验。
丹羽	没错。可问题是现在所有的人都保持了沉默。所以，就算记者认为您所做的努力非常值得赞许，他们也不会这么写。
鸠山	是不会写的。不过，要是我遇到什么麻烦他们就会写了。（笑）
丹羽	写了之后恐怕就会被教训说："你这家伙怎么回事？"会被认为立场有问题。必须改变这种状况。 日本总拿中国说事，说共产党是独裁政府，剥夺了国民的自由，还对媒体指手画脚。其实，日本是更为阴险地在对媒体和国民施加影响。
鸠山	是的。日本貌似开诚布公，实际上毫无顾忌地说谎。
丹羽	或许这是人的本性。但我认为，日本不要只谈论别国的事情，也要关注一下自己的事情，先看看媒体。这是我来中国以后的切身感受，所以有人说我偏向中国。

鸠山　您到过中国的很多地方吗？

丹羽　基本上都去过了。

鸠山　您真棒！

丹羽　中共中央有 25 位政治局委员，按照日本的说法是副首相级。能够进到这里面的人几乎都在地方做过书记。只有顺利完成这个职务才有可能进入政治局常委。不但习近平主席如此，李克强总理，之前的胡锦涛、江泽民都是这样。他们都是身经百战。在他们还年轻时，我就去过他们工作的地方，并在那里见过他们。

因为之前我主要是在经济界活动，所以我当过北京市市长顾问、吉林省经济顾问。在经济界活动的时候，我还以江苏省顾问的身份见过李源潮、王岐山，还有内蒙古自治区书记张春贤、新疆维吾尔自治区书记以及汪洋等地方一把手。

鸠山　那时候还年轻吧？

丹羽　是的。

鸠山　这可是珍贵的资源啊。

丹羽　确实是宝贵资源。王岐山当北京市长时我是经济顾问。所以，当我第一次以大使身份去北京的时候，我们聊了足足 75 分钟，比一般会见时间延长了 45 分钟。

鸠山　这是很高的礼遇。

丹羽　是啊，连他身边的人都感到吃惊。原以为我不过是一个日本大使，没想到我的身份有点特殊，王岐山和我交谈的时间是一般会见时间的两倍以上。会见汪洋的时候，他对我也是非常热情。

鸠山　原来如此。

丹羽　不过，有时候不管美国大使再怎么请求，中方就是不见。美国大使曾经问我是怎么做到的，我回答说："咱们的经历不一样。"

鸠山　（笑）

丹羽　美国大使又说："您能不能帮忙沟通一下？"（笑）我就说这我可办不到（笑）。您看，到中国各地转转还是非常有好处的。

鸠山　听起来确实不错。

丹羽　但是，这种事情做得越多，越会被人说成是亲华派，我在日本的评价也就越来越差。（笑）

鸠山　作为大使，访问、视察各地是工作的重要组成部分。

丹羽　特别重要。我上任伊始，外务省有一个叫冈田胜的年轻人，精通汉语。他后来担任外务省的分析官，还当过天皇的译员，是个难得的人才。我任大使时，他做过我的秘书，不管我去哪里都很安心。

鸠山　口译可是非常重要的工作。

丹羽　是的，因为要把信息准确地传达出来，不能有缺失，对方才会对我方的表态给出准确的回答。

鸠山　就算语言不通，双方也要根据气氛做出判断。

丹羽　是这样的。所以在这个意义上说，我到中国各地访问，哪怕是在市场上随便询问一个老妇人，她也会自然而然毫不隐瞒地对我实话实说，这样我就能够了解到中国经济的真实情况。

　　　现在我们既没有去各处走动的自由，也结识不了什么人脉。

鸠山　现在的日本就是这样。

丹羽　不只是中国，驻各国的大使馆都是如此。所以，经济界人士出任大使是有意义的。在经济界中选出与中国有关系且品行良好的人，就算不任命为大使，派这些人去当公使，比如经济公使也是不错的。

　　　只是这样一来，一些人会以大使的身份为自己以前工作过的企业提供便利，或者口无遮拦随便说话。只要在这一点上引起注意，我觉得就是一件好事。

鸠山　由民间人士而非官僚担任驻各国使节，意义不一般。

丹羽　赞成，就算作为仅次于大使的公使也是好的。我觉得中国的老百姓也想让日本听听他们最真实的声音。我经常对中国人说的一句话就是绝不曲意逢迎。如果错在对方，我会一针见血地指出来，这样反而会建立起信任。

鸠山　有道理。

丹羽　只拣好听的说是没用的。

鸠山　对。

丹羽　无论是赞扬还是批评，大使都直言不讳地说出来，这对国与国之间相互信任非常重要。所以我想对日本政府说，好就是好，坏就是坏，没必要说谎和搪塞，否则日中关系会变得非常难堪。我面对中国人时也会说，你们想要超越日本人现在还做不到，因为两国国民所受的教育是不一样的。这个话我经常挂在嘴边。

鸠山　您慢慢会发现，这句话的说服力越来越弱了。

丹羽　最近吗？中国的进步更大是吗？

鸠山　昨天我参加了寺岛实郎组织的学习会，听说有一个世界技能大赛。大概10年前，日本一直是第一名，现在日本落到了第九名，而第一名是中国。

丹羽　这个竞赛比的是计算机吗？

鸠山　不只是计算机，各种技术技能包括美容整形都有。其中有50多项技能竞赛是否能选拔出一流人才，还不十分清楚，但是日本从以前的第一名，至少也是第三名，已经降到第九名。第二名是瑞士，第三名是韩国。

丹羽　是这样啊。

鸠山　日本目前正处于意识到不足,却绝不情愿在技术上输给别人的时期。而且,为了学习工匠技艺,有很多中国人来到日本。他们不但有热情,水平也有了相当大的提升。我认为必须认识到这一点。

丹羽　超级计算机以前也一直是由美国包揽第一、二名,主要是在半导体技术方面。现在中国已经连续3届蝉联第一,美国拿到第三、四、五名,日本仅有一家公司参与其中。虽然今后怎么发展还不明朗,但是现在日本只有富士通和产业研究所联合推出了超级计算机。总共500多台超级计算机,每次都会出来参赛。中国已经包揽了前两名。

鸠山　对。

丹羽　我再多说一句,您可能也知道,世界34个经合组织(OECD)成员国里有一个R&D计划,也就是研究开发,英语是research and development。中国已有148万名科学家参与进来了。

鸠山　148万名科学家?

丹羽　美国也是在两年前被赶超的。美国有127万～128万人,日本有66万人,都和中国没法比。不过日本总归是第三位。第四位是俄罗斯,有40万～50万人,之后是韩国、德国。中国有这么多的科学家!另外,日本的留学生也少得可怜。

鸠山　留学生的数量在减少。

丹羽　即便是哈佛大学，也要从国外招收大约 4500 名留学生。

鸠山　有这么多吗？

丹羽　在哈佛，日本人最少的时候一个都没有，近年来人数最多的时候也只有 10 人左右。

鸠山　是这样啊。

丹羽　据我了解，中国留学生是日本留学生的几十倍。

鸠山　真的吗？

丹羽　通常情况下，全美的日本留学生和中国留学生的比例是 1∶10，即日本大概是中国的 10% 左右。以前分别是 2.2 万人和 22 万人，现在分别是 1.6 万人和 27 万人。

鸠山　日本留学生人数在减少！

丹羽　这已经是 25 万人的差距了。

鸠山　没错。

丹羽　中国的留美学生数量在不断增加，日本留美学生则在减少。我们从 2.2 万减少到 1.6 万，中国非但不减，反而从 22 万激增到了 27 万。

鸠山　差距越来越大了。日本的大学教育水平、学生的素质正面临危机，这也是世界性的难题。

丹羽　是啊，有的人连一般考试都过不了。与其说这是教育的问题，不如说是大批的优秀人才没有去美国。

鸠山　大家都不出国了。

丹羽　如果去的都是优秀学生，考试不过的情况就不会发生了。说到底，中国人的英语比日本人的英语好，所以才能去美国留学。中国的优秀学生一个接一个地出去了，在日本，优秀学生未必一定要去美国留学。（笑）

鸠山　嗯，不去留学的人数增加了很多。这究竟是不是好事呢？

丹羽　未必是好事。您也留过学，我觉得在外国求学，然后换一个角度看日本，对任何人都有必要。

鸠山　是的，我的想法跟您一致。

丹羽　也就是更多地体验生活，了解自己的同龄人都在想什么，他们是怎么学习的。有国家当靠山，就觉得自己天下第一……日本已经是这个样子了吧？日本的企业家必须更清楚地认识到，如果觉得日本是一流的经济大国就可以高枕无忧，那就错了。现在他们还在认为日本是世界上数一数二的国家，是要在世界上争夺前两名的大国。

鸠山　不知不觉间已经拉开了相当大的距离。有一点让我很佩服，中国有一大批人在学习日语。

丹羽　是有不少人。

鸠山　反过来在日本，学汉语的人实在少得可怜。这让我有几分担忧。

丹羽　确实是太少了，所以留学生也很少。

鸠山　是啊，大家慢慢地都不想去留学了。

丹羽　要说原因，就算日本学生来到中国学汉语，日本的企业也不会欢迎他们并给他们丰厚的待遇，倒是从美国留学归来的人获得的待遇更高。不过，如果日本政府推出一些奖励措施，日本人也就会来中国了。中国有14亿人口的广阔市场，美国不过3亿人，当然要鼓励日本人前往近在咫尺的中国寻求发展。去中国留学，回来工作一段时间后再去中国发展。

鸠山　我觉得这样的时代就快来临了。

丹羽　这是我们无法选择的。再怎么说，中国的人口数量是实打实的。

鸠山　是啊，不论你是否愿意。（笑）

习近平领导下的体制有了一些新变化，关于这一点您有什么看法？

丹羽　应该说，日本和美国很适合美式民主，但是中国如何推行美式民主？中国有中国的政治制度。有人总是拿人民来说事，但他们所说的人民究竟占百分之几？总之，要维护整个国家的利益。

那么民主该怎么做呢？顾名思义，民主就是由人民当家做主。即便是美国，共和党执政也要维护共和党自身的利益，特朗普就是要拼命维护共和党。日本的自民党何尝不是这样？这也是所谓的民主。

鸠山　没错。

丹羽　您在书中还提到了 RECP，即区域全面经济伙伴关系，它指的是东盟十国 +4，就是加上日中韩和印度。后来还有澳大利亚、新西兰，总共是 16 个国家。我认为这一构想非常正确。至于 TPP，美国搞这套东西注定不会有什么好结果。

亚洲的 24 个国家，再加上澳大利亚、新西兰，这样形成了一个有 26 个国家的巨大市场，实力远在其他经济圈之上。如果还认为日本实力超群，就大错特错了。简单来说，中国国土面积是日本的 25 倍，现如今经济也是日本的两倍以上，已经完全超越了日本。

鸠山　有消息说今年将变成日本的三倍。

丹羽　是吧。印度也很快就会追上来吧？说到这里，以日本的经济规模，实在没有必要在体量上一争高下。日本的企业家和政治家一定要认识到，从规模上看，日本并不是真正的一流大国，成为不了领头羊。拼体量的话，日本绝对赢不了。

鸠山　是这样的。

丹羽　既然体量不行，日本就只能靠质量取胜。若问什么才是质量？正如您所说，就是技术和相应的研究人员。

日本应该凭借这些软实力来赢得世界的尊敬，让人竖起大拇指说"到底是日本"。如果日本不走这条路，不去成为受尊敬的国家，反而一门心思比拼总量，东奔西走像是在编织对华包围网。我这样讲或许会招致不满，但是一边嚷嚷着国难当头，一边到那些现在和日本没有直接关系的国家去乱转，这叫怎么回事呢？

现在不是看谁的力气大，日本应该做的是和平对话。多思考外交的作用，财界也好政界也罢，日本和中国需要更加深入地交流。

鸠山　我想习近平主席也会这样期待。

丹羽　一定会的。

鸠山　说到对日交流，到目前为止，中国一直在有意疏远日本。钓鱼岛问题一度使两国外交形势恶化。虽然我也觉得日本的经济圈很难融入中国，但是比起那个时候，日中贸易已经很大程度上重回正轨。

丹羽　应该是的。今年是日中邦交正常化45周年，说句老生常谈的话，对华贸易从区区10亿美元变成了3000亿美元，增长了300倍。人员交流方面，45年前只有1万人，现在有六七百万人，这仅仅是从中国来的人数。这就是日中关系的发展情况。

鸠山　关于日中之间的交流，有725万中国人来日本访问，有200多万日本人到中国访问，合计超过1000万人。

丹羽　725万，这个数字是1972年的700倍，而贸易额变成了300倍。所以虽然口水仗不断，但一直是在向好发展，眼下因为政治原因，经贸往来出现了停滞。旁人是自己的一面镜子，所以我们不能厌恶中国人，不能瞧不起中国人。要想解决信任问题，关键在于安倍首相和习近平主席之间能够互相沟通。如果我们不拿出值得信任的态度，对方立刻就会知道。

鸠山　是啊，一直都是如此。

丹羽　所以不管怎么努力，下面的人都感到无可奈何，毕竟取决于两国领导人之间的互信。现在反过来了，要说在全世界范围内还有谁跟在美国后面，并且百分之百地信赖特朗普总统，那么也只有安倍首相了。

鸠山　还真是这样！（笑）

丹羽　哪怕是特朗普总统的夫人，恐怕也不是百分之百地信任他吧。（笑）

鸠山　（大笑）

丹羽　有人这么跟我说：百分之百地信任别人，那简直是疯了。在美国可没有谁百分之百地信任特朗普，全世界只有安倍首相能做到，而且直言不讳地说出来。他给我的感觉不太正常，是不是过分追捧特朗普了？

鸠山　这是明摆着的。

丹羽　世界各国的首脑们都在看着。

鸠山　不只是世界各国首脑，在全球的民众看来，安倍首相非常令人费解。因为特朗普的口碑不是很高，所以安倍首相表示无条件信任特朗普先生，对于他本人，全球民众自然也会在心里打一个大大的问号。

丹羽　我最担心的是，安倍首相会受到全世界人民的嘲弄。

鸠山　我也很担心这一点，因为那无异于整个日本都受到了嘲弄。

丹羽　是啊。令人气愤的是，只要特朗普总统一发话，日本立马购买军火。而且美军至今还在冲绳不断引发事端。不管日本如何严正警告，情况也不见改观，美国根本不把这些事端放在眼里，飞机还是照飞不误。我经常说这件事情，为什么就不能解决？如果解决不了，就应该禁飞。无论是法律还是规章，日本作为一个独立国家必须发出声音。可是这种声音马上就会被日美同盟的一套歪理压下去。

鸠山　这是因为有《日美地位协定》的存在。

丹羽　希望日本政府能告知国民，因为存在日美同盟，按照条约我们无能为力。在这个问题上不能含糊其辞，所以一定要改变现状。

鸠山　是的，可是日本政府根本没有要改变的打算。

丹羽　没错。无法改变，也不想改变。所有的人都默许这一现状，如骨鲠在喉，却都不肯说出事实，就这样走过了 70 多年。好像有人把情况写了出来，揭露日美同盟的真相。

鸠山　是孙崎享、矢部宏治二位。

丹羽　比如提到《日美地位协定》比宪法都重要。

鸠山　对，他们是这样写的。

丹羽　没有一个人站出来对这个协定提出质疑吗？有的政治家承认这一点，可是尽管如此，为什么在战后 70 多年里，日本至今仍处于战败状态，制空权现在还掌握在美国的手中？为什么在野党不多说几句呢？

鸠山　因为早就习以为常，见怪不怪了。所以从羽田机场起飞的时候，飞机还要绕行，这种事情怎么想都觉得不可思议。

丹羽　确实很难理解。又比如飞机在冲绳机场附近飞行时，必须贴着地面飞，非常危险。

鸠山　因为上空被管控了。

丹羽　即使我们购买了鱼鹰运输机，可是关于驻日美军基地附近的一切事务，日本根本无权过问。为什么在日美联合委员会上，日本只能唯唯诺诺地听从呢？为什么在野党没有更多的批评？

鸠山　在野党也不是很了解这方面的内容。而且现在，中国的问题姑且不论，在朝鲜问题日益突出之际，在安全保障方面，在野党和执政党的言论并没有什么不同，也就是都认为日美安全保障框架最重要。在这种情况下，提出从根本上改变日美地位协定，似乎有些不合时宜。说起来有点可悲。

丹羽 是的，我也一直在说，最大的问题就是不要把安全保障和防卫混为一谈。防卫是应对外部攻击，针对假想敌。如果没有假想敌，防卫自然没有用武之地。而安全保障是为了国民的幸福与安全，因为不但有自然灾害，还会有许多突发事件。可是我们把二者混为一谈，总是在说安保，虽然好听，但是为了安全保障做事就可以不受限制吗？鱼鹰运输机还有萨德（THAAD）反导系统，为了购买这些武器装备不得不支付巨额费用，而我们现在根本不能说"不"。

鸠山 您说得太对了。

丹羽 为什么没人站出来反对？这些武器装备真的有用吗？

鸠山 明显没有任何作用，用导弹拦截导弹基本上就是天方夜谭。

丹羽 不可能，绝无可能。

鸠山 稍加思考，应该都能明白这有多荒谬吧。

丹羽 是啊。

鸠山 可是却信以为真，花大价钱买了这些东西。

丹羽 为什么连在野党都没人发声呢？下次访问民主党时，我想我应该谈谈这件事情。您也应该更直率。就是因为都当和事佬，才变成了现在这个样子。长此以往，是得不到国民信任的。

鸠山　我的想法和您的一致。现在谈谈您的新作《战争的大问题》。

究竟人类为什么要进行战争？您从这个问题开始写起。您起初在伊藤忠发挥着重要作用，从事的是企业经营。从这个角度出发，您讲了在治理国家过程中为什么会出现战争。首先想请您谈一下有关企业经营与国家治理的相似点在哪里，本质的区别又在哪里？

丹羽　企业经营与国家治理非常相似的一点就是，企业经营要面临一个问题：企业属于谁以及为了谁而经营；在国家层面要弄清楚这个国家属于谁，以及为了谁而接受治理国家的责任。而这一点常常被人们忘记。于是，个人的私欲、权力的欲望就不可遏制地显露出来。我认为二者都存在这个问题。民主主义指的是主权在民，我们把它叫作民主主义。如果一定要给企业经营做定位，应该算是社会主义，因为企业员工是主人。比如，stockholder（股东）这个词有点不太好懂，它指的是资本提供者，也指单纯购买股票的人。买了股票，如果行市好就抛售出去，可是企业的员工没法离开。所以我说，员工才是公司的主人。公司的代表就是总经理，由总经理接受委托来经营公司。因此员工的幸福是最重要的。而且假设公司受到比如来自间谍的攻击，那么经营者就必须做出应对，这种应对行为就是防卫。国家也是一个道理。

鸠山　是一样的啊。

丹羽　保护国民是最重要的，因为主权在民。

我经常说的一句话就是，请你读读美国的《独立宣言》。《独立宣言》上所记载的就是追求国民的自由、平等和幸福。这是三块基石。《五条誓文》也是一样，开头写的就是"广兴会议，万机决于公论"。和以往时代不同，自由、平等被放在了极其重要的位置，最后就是国民的幸福。虽然誓文只有五条，但是它的中心思想，也就是我刚才说的三点，不管过去多少年，我们都必须守护下去。仔细思考的话，企业也是这个道理。所以企业经营和国家治理非常相似。在这个意义上，我主张政治应该关怀弱者。

看到特朗普总统的一些做法，比如白人至上主义，归根结底是宗教和民族的问题。因为人类这种生物隐藏着很多动物的本能，诸如升官发财等。我觉得鸠山首相您非常令人钦佩。尽管您的祖辈创造了巨大产业，但是您本人却毫无争名逐利之心，您是为了国民着想。能达到这种境界的人为数不多，现在的政治家大多达不到。贪图金钱，想要博取高位竞选首相，一旦当选就想拼命保住位子。而为了保住位子，即使牺牲国民的利益也在所不惜。当初我以大使身份赴任的时候，也没有升官的念头。虽然我不是特别有钱，但我也丝毫不想为了钱而活着。那么目的是什么？是为了国家，为了国民，这才是第一位的。可是国家和企业现在都一样，领导者中能这样想的人越来越少了。

鸠山　是这样的。

丹羽　只惦记着升官发财，就没法为了员工去努力工作。真正为员工着想，就得有决心，哪怕牺牲自己。同理，哪怕牺牲自己也要为了国家去奋斗。牺牲不是说对方开枪的时候，自己冲到前面去挡子弹。总之，就是要捍卫国民的幸福和权利，当他们受到侵害时，要立场鲜明地站出来。非有如此担当之人不能胜任。我经常说的一句话就是，要让准备当议员的人接受考试。

鸠山　我举双手赞成！

丹羽　不是体检之类的，如果仅仅是这种测试恐怕谁都没问题。怎么说呢？就是不是投票选出那些能说会道讨人喜欢的人。我认为某种程度上，测试是有必要的。

鸠山　那么，由谁来出题呢？

丹羽　这个……

鸠山　如果出题者是个自私自利的人不就麻烦了吗？（笑）

丹羽　所以至少要具备初步的读写算能力。

在金钱方面必须观察他平日里的生活态度。虽然不是说完全由富人担任议员，但作为议员还是要接受过足够好的教育，有可能克制住动物性私欲私利的本能冲动。具有良好的社会修养，这一点十分重要。寒冷的时候都想取暖，肚子饿了自然就想吃东西。但是此时要抑制本我，自己虽然是这个状况，但是有比我更困难的人。所以要克制、要忍耐。通过了这样的考试，才能报名当候选人。

现在因为没有这样一套甄别机制，所以一旦开始竞选，一些候选者就净说一些糊弄人的话。这种现象非改不可。

鸠山　中国的升迁体制是这样的，就像您开头说过的那样，他们都有过在地方任职的经历，付出了与之相应的艰辛和努力，逐渐走上中央委员的位置。在日本，人们不会在意政治家的资历。

丹羽　是的，不会。

鸠山　所以在这个意义上，日本也需要一个考试发挥类似的作用。

丹羽　同意。中国吏制的弊端在于领导拥权过重，上下级的差距十分明显。有些人就会做出一些违法之事，比如以权谋私、骗取金钱、下级行贿上级等，官员队伍中有不少这种心术不正的人，所以共产党不得不进行反腐。无论是谁，如果大权在握，而又没有监督，可能都想冒险一试。从这个角度讲，我觉得不能给官员过高的工资，因为会造成官员一切向钱看，这可不是好现象。

可想而知身为总理该有多大的精神压力。不过地位和责任成正比，为了全体国民和公共事业实现自己的价值，我们不必苛求每一个人都能做到，但总有一部分人是好样的。我觉得，政治家当中只要有两成这样的人，国家就能治理好。可是眼下物欲横流，政风污浊，我认为这是日本最大的问题。所以我想努力把这些都写进书里。

鸠山　这非常了不起。

丹羽　我建议，议员年纪大了应辞去职务，尽早让出位置。人一旦上了年纪，思想就会变得相对僵化，也会疏于培养后辈。我的这一提议不是针对所有人，我只是希望议员能够怀着奉献精神，更多地为国民服务。

鸠山　政治家如果有私心，他们在选举中首先想的是如何提高自己的支持率。为此要刻意制造出一个具有威胁性的敌对势力，然后做出某种强硬表态，表示要与之坚决斗争。按照这个模式发展下去的话，国与国之间、政治家之间往往不能避免发生争端。正如您所言，没有这种私欲，那么对待一切问题就不会以个人为出发点，而是考虑如何为民。至于不惜挑起战争把国民推向死亡，以此满足个人私欲，这样的想法根本就不应该有。

丹羽　是的，不应该有。在过去的战争中，包括美国在内，都受到过世界性的广泛批评。从来没有国民渴望战争的时代，所有的国民都反对战争。但战争却是由国民自己选出来的政治家在背地里挑起的。从来没有国民主动要求战争，也从来没有这样的国民。如果真的有战争狂人，也应该让政治家自己上战场。

鸠山　自己远离前线，却让国民走向战场。

丹羽　反战是世界共通的思想，所以我说要捍卫宪法。刚才提到的《五条誓文》、美国的《独立宣言》等，日本也应该一并捍卫，这和谁制定的没有关系，因为这是在人类发展道路上，精英和领袖所要遵循的三条原则。如果要改变它，就得说出改变的道理。我希望国家能够远离战争，实现和平就是远离战争。可是现在我们正接近战争，我们所购买的枪炮弹药，都是杀人的武器。为什么我们要不断添购这些东西？是因为对方在扩充军备吗？之所以有外交，就是要通过外交努力而解决军备竞赛等问题。不是要比拼肌肉，而是要和平相处。和平是外交的根基。

鸠山　完全正确。

丹羽　必须把这个道理告诉我们的孩子们，所以得依靠教育。而日本这方面的教育非常落后，恐怕还是负面教育。

鸠山　安倍首相第一个表示对朝鲜的和平对话已经终止，并反复呼吁要实施制裁，他的这些表态等于在支持特朗普。特朗普总统虽然表示会采取制裁措施，但最终是要跟朝鲜签订协议。也许他想的是，能把价格昂贵的武器顺利卖出去就是胜利，未必真的发动一场战争。但安倍首相却好像要先声夺人，他说对话已经终止，从外交角度上看是不合适的。

丹羽　对，这是不可能的。如果对话已经终止，那大家现在还谈什么呢？（笑）

鸠山　是的，没错！

丹羽　对于朝鲜，我们一没有对话渠道，二没有能对话的对象。朝日绑架问题也是这样。我想问问我们的政府，这几十年的时间你们都在做什么？

小泉首相访问朝鲜以后，他都做了什么？说什么已经尽了最大诚意之类的话，全都是谎言，根本没有进展。

鸠山　实际情况是这样的。

丹羽　真正的外交应该是争取主动，去朝鲜展开对话。这样的事情不做，却跑到俄罗斯周围的小国家，对人家说

愿意提供 ODA 等项目，为你们保护国家贡献一分力量。这不是在说胡话吗？（笑）

日本这个世界最大的债务国究竟要做什么？国会议员们的学识实在太差，他们真应该提高一下自身水平。然后是与身份相匹配的责任感，必须有精英意识，即为了国民，率先垂范努力拼搏。而说到精英，似乎容易让人联想到傲慢无礼、生活富足的一群人。我所指的精英是最无私的一类人。当然我们没有必要让所有人都成为精英。如果一半以上的人都成了精英，那么精英也就不再是精英了。大多数人都是普通人。精英的比例也就是 10%～15%，最多不会超过 20%。至于芸芸众生，做的是芸芸众生的事情。所以必须保持精英意识。

鸠山　只有这样的人才应该从政。

丹羽　对，其他人不会为了国民、为了公共事业而努力。大多数人都只是为自己考虑，为了生计和家庭。但我要说的是，我写书也是为了这个理念。我不在乎赚多少钱，所以版税之类的我一概不要。

鸠山　是吗？

丹羽　您和我又不一样，您是极其特别的人。尤其是您这个人不在意金钱和物质，而专注于自己的理想或观点，具有为国民奉献的强烈意识。您真的应该领导这个国家。

鸠山　选举的时候大家都是这套说辞啊。

丹羽　他们就是说说而已。

鸠山　（笑）或许刚开始时的确是这么想的。

丹羽　对对，一开始是那么想的。

鸠山　一旦权力在握，上台执政以后，人就会发生变化。

丹羽　权力果然会腐蚀政权。

鸠山　是的。

丹羽　如果不加提防就会愈演愈烈，直至把自己彻底腐蚀掉。比如，您也可能会被周围的人毁掉，这些人会把您团团围住。

鸠山　有道理！

丹羽　如果听信他们说的就糟了，因为一旦上面快要倒台的时候，这些人就会树倒猢狲散。如果是为了国家倾尽全力，国民就不会置之不理。国民会觉得，这个人是真心在为国家鞠躬尽瘁，没有考虑个人得失。民众所以支持这个政治家，答案就在这个人的日常生活中，生活以外，民众无从了解他们的真面目。如果只是靠在电视上口头造势，那再怎么表演也没有用。

鸠山　没错。

丹羽　在背对公众的时候也能坚守原则，这就是您了不起的地方。比如说，您平易近人，像这样因为公务，您一个人拿着包冒雨前来。越来越多的人看到，您作为前首相却没有一点架子，他们会觉得您可以信任。如果做不到这一点，只知道夸夸其谈，都只能是在说谎，民众是不会相信的。（笑）

鸠山　您的话很风趣，我也必须反思自己了。

现在安倍首相一直强调朝鲜问题，还有之前的"中国威胁论"等，这背后的原因还是日美同盟，也就是和美国的同盟关系被放在很重要的位置上。虽然这个同盟关系非常重要，但我认为远远不够，不是说只要能保持日美同盟就能无往而不胜。您在书里也提到，结盟具有相当的危险性。

丹羽　对。就如同光和影的关系。

鸠山　如果只有光明当然好了。

丹羽　是啊，有光照射到的地方必然会有阴影。光芒的范围越大阴影也就越大。就是说，任何事物都有正反两方面，必须平衡好二者的关系。就算日本亦步亦趋地跟随美国，美国也不可能在帮助日本人的时候比对待本国人还要好。

鸠山　是的。

丹羽　这是不可能的。按照常理考虑，如果朝鲜真的具备了发射洲际弹道导弹的能力，一旦开战，特朗普总统恐怕会抛弃日本，日本也就没有意义了。怎样才能保卫日本呢？假如说导弹开始互射，到时候不管是冲绳还是什么地方都没有区别了。

鸠山　开战的话，导弹有可能会打到冲绳的美军基地吧。

丹羽　应该是的。

鸠山　那太可怕了。

丹羽　所以，习近平主席组建了火箭军，并把它置于与陆军、空军同等的地位，这一想法极富远见。不管有多少基地都没用。一旦爆发核战争，大概有 10 个国家具备这个能力，其中包括疑似拥有核武器的国家。

鸠山　有 10 个国家吗？

丹羽　英国、美国、法国、中国、俄罗斯、巴基斯坦、印度……

鸠山　还有以色列。

丹羽　算上伊朗。

鸠山　伊朗应该还不具备吧。

丹羽　就算具备了，也绝不会对外公布，任何一个国家都会这样。

鸠山　那有可能就是没有公开。

丹羽　不管怎么说，10 个国家左右。如果只是一两个国家有核武器，就构成了核威慑，不惧怕他国攻击。可要是十来个国家都有了核武器，核威慑也就不存在了。（笑）不过要是各国相互攻击的话，地球也就完了。我和前防卫厅长官石破茂也说过，现在和以前不一样了。战争形态已经发生了变化，不再使用肉搏战，打仗也不是某一国的事情，这十来个国家互为"同盟"关系，就像草绳一样编织在一起。比如说一旦朝鲜开火，美国就会攻击朝鲜，紧接着中国会加入，俄罗斯也会加入。日本是逃不掉的，韩国也一样，所有国家都会卷入战争。有谁能捞到好处吗？整个地球都会毁灭。

鸠山　到时候地球真的就毁了。

丹羽　因为战争形态已经发生变化，那么冲绳的美军基地之于战争还有多大意义？如果说打常规战争，那么美军需要在附近投放更多兵力，这或许还有意义。真是这样的话，在冲绳的驻军就已经失去意义了。

鸠山　在冲绳驻扎着如此庞大的美军，本身就是冷战造成的。冷战的时候，基地本来是放在北海道，因为北海道（离苏联）太近了，所以要尽可能放远一点。冷战时期尚且如此，更何况发生核战争呢？

丹羽　会完全不一样。当时，杜勒斯发表了很多言论，比如在北方四岛问题上，他就反对俄罗斯归还岛屿。

鸠山　是这样的。

丹羽　对美国来说，如果俄罗斯归还了北方四岛，自己也就不得不归还冲绳。国际社会会质疑为什么只有美国继续占领日本领土，美国没有办法回答。考虑到这种结果，这个机会也只能遗憾错过了。但美国完全是为了自身利益。

鸠山　您说得没错。

丹羽　我们应该充分认识到这一点，应该和美国合作的地方必须合作，但是没有必要完全捆绑在一起，有些事情不必有美国的介入。日本紧跟美国，甚至购买根本不需要的武器，给冲绳的民众造成了极大困扰，日本政府真的能保护冲绳吗？

鸠山　一直没有保护那里啊。

丹羽　所以才要美国来保护。

鸠山　是的。

丹羽　这难道不奇怪吗？所以我们要坚决反对。我们要告诉全体日本国民，美国有可能放弃保护冲绳，如果美军全部从日本撤离，你们同意吗？还是说，必须让美军保护冲绳？究竟怎样，完全由公投来决定。

鸠山　这不失为一个好办法。

丹羽　只是我们连这个都不去做。要求美军撤出，美国在日驻军已经没有意义，因为日本已经是和平国家。日本会向世界宣告，将遵守和平宪法。这也是一种办法。

鸠山　这是好事。如您所说，能规避战争的才是优秀的政治家，这话一点没错。您在书中写到古巴危机时，肯尼迪说："如果我接受了军事专家的建议，就不可能回避古巴危急了。假如美国遭受了苏联的攻击,或者苏联遭受了美国的攻击,那么除了战争别无选择。就算互相敌对,也有共同的利益。"讲的就是这个道理。

"通往协商的道路是可能的。美苏之间通过军事对抗达成恐怖平衡,那么就会有很大的概率出现意外。"这句话非常重要,也很有道理。

丹羽　毫无疑问,这是肯尼迪的伟大之处。在当时一触即发的状态下,所有的军人都处在待命状态。所以我建议从特朗普总统那里收回核按钮,时代不同了。我还是觉得特朗普有些怪异,说不定哪天心情糟糕,一下子把核按钮按下去可怎么办呢。

鸠山　(笑)

丹羽　最近 J-Alert,也就是日本全国瞬时警报系统就错按了警报按钮,据说朝鲜疑似发射了导弹。

鸠山　是有这件事情。

丹羽　虽然是误报,但真遇到紧急情况要不要按,这个判断力很重要。一旦按下去,就意味着全面开战。我想说的是应该由国会决定是否宣战,而不是安倍首相。我也希望特朗普先生,如果要宣战,请交由参议院做决定。核按钮伴随着极大的风险,因为它的能量和过去不同。即便是 1941 年爆发的太平洋战争也不是国会做的决定,而是由于枢密院向昭和天皇提出了建议,当时东条英机的说法非常有问题。我觉得，明仁天皇和美智子皇后对战争的惨烈应该有着强烈的感受，所以他们也会为战争感到深切的忧虑。

鸠山　是啊。

丹羽　您没有参拜过靖国神社吧？

鸠山　绝对不能去。

丹羽　从1997年起就再没去过了，是吧？

鸠山　没错。昭和天皇从1975年开始就不再参拜了，而现任天皇更是从来都没有去过。

丹羽　所以我希望安倍首相认真考虑一下这些事，然后再去施政。看看天皇的所作所为，不禁让人思考究竟谁是首脑呢？天皇的这些理念才会推动这个国家的向前发展。

鸠山　是啊。

丹羽　应该让安倍向天皇学习。我们正在接近战争。天皇表示希望去一趟冲绳，我觉得这真的很伟大，政治家们应该多学习天皇的所作所为。你有没有发现政治家们凑在一起，都是些上了年纪的人，不过副党首之类的高官可是不少。这可不妙啊。

鸠山　可以写本有趣的书了！（笑）

丹羽　（笑）

鸠山　今年是《日中和平友好条约》签订40周年，您作为日中友好协会会长，打算如何迎接这个重要的年份呢？

丹羽　我希望在预算允许的范围内，尽可能多地让日本和中国学生共同交流。让人们能够实现互访，通过交流增进理解。我不希望中国人还用70年前的眼光看待日本人，也希望日本人不要认为中国人还和70年前一样。中国已经发生了翻天覆地的变化，日本的变化同样巨大，热衷战争、腰胯军刀、脚穿皮靴、头戴军帽然后从背后偷袭别人，日本的年轻人早就不做这样的事情了。

在日本，仍然有人说中国人不讲卫生、爱说谎，所以我想让他们去中国实地看一看，究竟是不是那样，让尽可能多的人去中国参观。

鸠山　想法很好。

丹羽　我也希望让尽可能多的中国人来日本看看。我只要说到这件事情，就有人批评我会花光预算。

鸠山　怕多花钱是吧？

丹羽　就是谁来掏钱的问题。所以让我说的话——也许这么说可能又会招致不满，但我还是想说，与其买鱼鹰运输机或其他武器装备，那么哪怕是一架飞机的钱，不知能让多少学生去中国走一趟。说到这里，日本确实应该在和平外交上面再多增加一些经费。

鸠山　确实如此。

丹羽　我今年还要去一趟中国。你知道各地都有日中友好协会，许多人对我说，如果我要去就把他们带上，并让我尽早确定日期。大伙都在等着我，可他们是不是搞错了，我可不是能够带领这么大一个团队的人啊！

鸠山　我看您还是把他们带上吧。

丹羽　虽然不是完全不行，但如果不是政府机关还是很难办到，最多50人吧，100人左右恐怕就不好办了。尽可能多地到中国内地走一走，创造交谈的机会，这也是我们作为协会所希望做的。而且在今年两年一度的日中会议上，以唐家璇为首的中方代表团访问了日本。去年我们去了中国，中共方面也给了我们一些支持。今年会议召开，可能自民党不会给我们支持吧？（笑）

鸠山　不能这么说，您一定要多带些人去，去的次数越多越好。这是最好的途径，特别要让年轻人去。

丹羽　这是唯一的阳光大道。友好需要时间，但是必须有人做，才能向前发展。

鸠山　我作为日本友爱协会的理事长，每年都会在中国组织植树造林活动。

丹羽　听说永旺集团也在做。

鸠山　永旺集团植树活动的规模非常大。今年我们好像是第

18个年头了，2000年开始的。

丹羽　很了不起啊！

鸠山　坚持就是力量。特别是中方会让儿童参加植树活动，如果日本这边也能带很多儿童参加，让孩子们一起完成植树造林活动，我觉得很有意义。我希望今年能把这项活动推向社会各界。

丹羽　是个好主意，就像您推动国际废除核武器运动（ICAN）一样，会有很多人支持您。而且我在读过、听过您的观点之后，觉得您的想法和托尔斯泰有异曲同工之妙，比如博爱、为世界人民的福祉考虑的理念特别强烈。这些并不是出自《战争与和平》等文学作品，他本人也写过宗教、社科等专著。书名我忘记了，但是托尔斯泰是个不折不扣的哲学家，您也不妨读一读。

鸠山　明白了，我会找来读的。

丹羽　很薄的一本书。

鸠山　是吗？

丹羽　我觉得自己的寿命可能不会太长，所以我把我的藏书都捐给了中国的大学。

鸠山　什么？捐给了中国的大学？

丹羽　捐给了北京外国语大学。

鸠山　非常棒的决定！

丹羽　向北京外国语大学捐书是从我当大使的时候开始的。虽然由于互联网的兴起，纸质书籍不那么受人追捧了，但是假如广大的日语学习者能够读到这些书，我就备感欣慰了。否则，这些书也只能是在那里堆着。您也是这么认为的吧？

鸠山　我很理解您的想法。

丹羽　我想尽量把书捐给各地的图书馆，但是被婉拒了。普通的书没人要，那么珍贵的书呢？就算是把这些价值几十万日元的书籍摆在那里，又有谁会去看呢？所以我考虑这些书必须能对科研人员有所帮助。如果送不到合适的地方，是会有点可惜。

鸠山　总之，正如您所谈到的那样，不但劝别人读书，自己每天也都离不开书。

丹羽　视力不行了，越来越感到吃力。最近我见到一个老朋友，是个上了年纪的学者，也说阅读速度越来越慢了，没有办法，毕竟上了年纪。但他又说，不是还有许多身体更加孱弱的学者在坚持学习吗？他写字也非常吃力，我不知道他是用什么方法把自己的想法记录下来，还写成了书。就算身体不好，他依然在孜孜不倦地做学问、搞研究。只要一想到这里，我就觉得自己需要多读，非要再多读几本书不可。

鸠山　特别希望年轻朋友们能多读书。

丹羽　我的这本书出版以后,有很多读者给我写信。

鸠山　真的吗?

丹羽　是的,很多。读者在来信中谈到自己的年龄、读后感,等等。来信多得我都看不过来,都是由幻冬舍出版社寄给我的。他们还从网上发一些读者来信的照片,可是我已经看不过来了。最近年轻读者零零散散地有所增加,但主要还是中老年读者,40～60岁的人居多。这让我觉得,还是有不少爱读书的人。

鸠山　这些又可以写成一本书了。

丹羽　是啊,不过力不从心了。

鸠山　这是哪儿的话?还期待您有更大的贡献呢!

附录

鸠山由纪夫与亚投行行长金立群对话实录

2019年4月24日下午,受邀前来出席第二届"一带一路"国际合作高峰论坛"智库交流"分论坛的鸠山由纪夫与亚洲基础设施投资银行(AIIB)行长金立群在亚投行总部进行了会谈,谈话围绕鸠山出任亚投行国际咨询委员会(International Advisory Panel,IAP)委员的前后经过、亚投行的运作理念、习近平主席共建"一带一路"倡议与鸠山由纪夫"友爱"为重的"亚洲共同体"理念的共鸣、中日以及亚洲邻国间的相处之道等展开,持续大约一小时,气氛友好、亲切。本文根据谈话内容整理而成。

另,亚洲基础设施投资银行(Asian Infrastructure Investment Bank,简称亚投行,AIIB)是首个由中国倡议设立的新型多边开放银行,总部设在北京,法定资本1000亿美元。成立宗旨是为了促进亚洲区域建设的互联互通化和经济一体化的进程,并且加强中国及其他亚洲国家和地区的合作。截至2019年4月,亚投行共有97个正式成员国。核心价值观为"简洁、清洁、绿色"(lean, clean and green)。AIIB的IAP共有包括鸠山由纪夫在内的11名来自世界各地的委员。

亚洲开发银行(Asian Development Bank,简称亚行,ADB)于20世纪60年代初由美国、日本主导成立,是一个亚洲性质的金融机构,提供贷款、技术援助、赠款和股权投资,以促进发展中国家的社会和经济发展。总部位于马尼拉,共有68个成员国,其中49个成员国来自亚洲和太平洋地区,法定资本1650亿美元。

鸠山：很荣幸成为 AIIB 国际咨询委员
金：日本仍有很多优点值得中国学习

金　欢迎我非常尊敬的鸠山由纪夫前首相来亚投行访问！您一直担任 AIIB 国际咨询委员会委员，我们为此而深感荣幸。

鸠山　三年前我受邀加入 AIIB 国际咨询委员会，这是我的荣幸。

金　我想特别强调一下，由于特殊的历史时期，鸠山先生加入我们咨询委员会非常不容易，需要很大的勇气。因为日本政府从一开始就对中国提出成立亚投行抱有很多疑问，不知道亚投行想干什么、是怎样的机构、有怎样的标准。还提出了一系列问题。在这种情况下，我们也没有办法来证明我们是怎样的银行，所以当时鸠山前首相能接受邀请，确实让我非常感动。

现在，虽然日本政府仍没有意愿要加入 AIIB，但是对亚投行的态度有了很大改变。最近，我们的副行长丹尼·亚历山大去日本参加会议，也会见了日本的一些政要，包括拜访日本财政省。他回来跟我说，日本政府现在并没有加入亚投行的意思，但是政府鼓励企业跟亚投行合作，包括 JBIC、JICA 和其他一些机构。我在不同的场合都说过，日本加入与否不重要，重要的是我们要合作！我们现在有两位日本籍的员工，太少了。我问他们在这里工作开心吗？他们说很开心啊。我说，你们要鼓励日本同胞来申请啊。我说你们放心，日本的工作人员在这里不会被欺负的，谁欺负我就治谁。（笑）

鸠山　金行长，我与您初次谋面时，您提出请我出任AIIB国际咨询委员会委员，当时我回复说我并不是金融方面的专家，应该有比我更好的人选。但您说并不是只要从日本请来某个人就好，意思是如果没有选我，"也不意味着就会请其他日本人来出任，我们是想请您来担任这个工作"——这句话让我深受感动。

去年，金行长接见了日本立宪民主党议员藤田幸久，我听他说，在会谈中他提出想请亚历山大副行长先行到访日本，与各方面多多接触，您表示赞同。藤田在现任议员中跟我私交最好。

2017年我出版了这本《摆脱"大日本主义"》，主要论述日本市场不断增长的时代已经宣告结束，由成长步入成熟，在这样的社会里，更重要的是让人们如何过上幸福生活。这本书正在进行中文版的翻译出版工作。（赠送书籍）

金　　我有一本日文版更好啊！（笑）

鸠山　我很开心您能收下日文版。如果可能的话，很希望能够将我们今天的对话收入中文版中。

金　没有问题。我很遗憾没有学好日文，我曾经做过努力，还买过日语字典和一些日本书籍，但真正学好一国语言是需要很多时间的。日本曾出版过很多中国古籍，有很多专家对中国历史有很深入的研究，比如泷川龟太郎的《史记会注》、竹添光鸿的《春秋左氏会笺》等。所以中日之间有一个合作项目，就是把日本保留下来、但在中国已经失传了的宋版古籍，以两国合作的形式影印出版。这些都说明中日之间的历史渊源是很深的。

鸠山　还有《群书治要》。我和身边的朋友正在学习这本书的日文翻译版，这是唐代李世民下令编纂的巨著。

金　这是讲如何治国，怎么管理政府（government）的古籍。因为当时有个争论，到底是开创一个事业容易，还是维护政权容易？他手下有两种人，凡是帮他打天下的人都说创业难，但帮他治理国家的人都说治理难。

一个叫创业，一个叫守成。创业和守成其实都不易。我想对我们现在的中国来说，也面临一个可持续增长（sustainable development）的问题，不容忽视。我一直认为，中日必须走合作之路。所以国际咨询委员会成立伊始，我马上就想到鸠山先生，因为您对中日的合作做出了重大贡献。

我认为，无论是中国民众还是日本民众，都要理性地对待与对方的关系。历史当然不能忘记，但是要向前看。所以鸠山先生，您的有些观点可能不一定会被一些日本人所接受，但中国的广大民众对您是非常尊重的。即使在我们两国关系十分紧张时期，我也从未放弃自己的观点，我认为咱们必须合作，要往前看！

鸠山　举双手赞成！

金　2003年，时任亚行行长千野忠男（Chino Tadao）请我去当副行长，当时（中日两国）关系也很不好，我在那里待了五年。后任黑田先生，现在是日本央行行长。我在亚行与三位行长合作得都很好，现在和中尾总裁（行长）也合作愉快。

　　中国40年来的发展固然很快，在很多领域取得了进步，但是日本仍然在关键领域——高科技领域处于前沿，所以中国还有很多地方需要向日本学习。比如日本的社会秩序、民众的环境保护意识等，都使我印象深刻。这些方面，中国都需要改进和学习。

鸠山　您指出日本的各种优点，我对此感到高兴。我想如果能让更多的日本人知道，中国知名人士仍然在用这样的眼光看待日本，一定能改变日本民众看待中国的眼光。很高兴听到您这样说，由衷地表示感谢！

金　不只是这些，日本的优点还有很多，不能一一列举。最近我去日本的机会不多，但以前常去。我跟日本的合作有几方面，当时我在财政部担任副部长时发行过债券。中国财政部和野村证券等合作，在日本发行武士债（Samurai Bond）[1]。另外，我在日本的金融机构里有很多朋友，当然有些已经退休了。我特别怀念80年代初期，（中日）关系非常融洽。

鸠山：日本与中国的技术合作是互利共赢的
金：诚意乃交往的关键　欢迎日本年轻人来AIIB应聘

鸠山　前段时间，我有机会和中国政界的朋友见面，聊天时提到了华为的技术研发。他说，中国的发展非常迅速，尤其是5G的研发技术，而美国正企图打压这一点。他还提到，华为的确是投入了相当多的研发资金，但要是具体到一个个零部件，也有不少是来自日本的，所以，华为能取得今天的发展，不能忘记背后也有来自日本中小企业的技术支持。

金　这是对的，现在的生产不可能完全脱离跟其他企业的合作。

鸠山　所以从这个意义上说，我坚信只要日中两国在技术

---

[1] 武士债指的是国外发行体在日本发行的以日元计价的债券。中国财政部1994年7月首次发行武士债，1995年以表现出色的高质量发行，荣获日本武士债市场发行体排名第三，并首开亚洲发行体20年期武士债先河。

上加强合作，就一定能制造出世界 NO.1 的产品。相反，如果相互敌视、彼此对立，不能在技术上展开合作，只能是彼此都受损。

金　我有一个观点，就是无论如何中日都要合作，不要受其他因素的影响。其实两国经济的互补性很大，中国的市场也很大，在中国的马路上不是看到很多日本汽车吗？还有很多看不到的在我们企业里的日本设备，更不用说华为了。

　　我想个人也好，国家、企业也好，诚意是非常重要的，英文讲 sincerely，这个很重要。我要说的是，如果你想让某一个人成为你的敌人，他就一定会成为你的敌人；你想让他成为你的朋友倒不简单。现在，我们不是要制造敌人，是应该多交朋友。

　　可能鸠山先生注意到了，我们当初请您来，开始有些国家对我们这个银行很有看法，甚至怀疑，但是我从来没有在发言、讲话、电视节目上攻击美国、攻击日本，我只是解释我们的银行是一个怎样的银行，表示我们想和大家合作。慢慢地，它们的态度就转变过来了。

　　交朋友、培养友谊，是需要耐心的。我现在比较担心的是日本和中国的民众，年轻人之间的交流不多。有时候看他们发的推特或者网上的文章，有的年轻人非常情绪化。极端的民族主义对一个国家是有害的，所以恐怕我们的媒体、我们老一代的人都需要来引导这些年轻人,这也就是为什么我希望能够吸引一些年轻的日本专业人士到我们的银行来工作,他们可以生活在中国、生活在北京,可以跟很多中国人交往,也可以体会这个银行怎样和其他国家合作,包括跟日本合作。

我们招人是竞聘——竞争性聘用,只要是同等条件,我一定优先采用日本专家,希望您把我的这个信息传递给日本。

鸠山　我一定会传达的,谢谢您!

鸠山:寄希望于"地区主义"路线　期待东亚年轻人密切来往
金:乐观看待前景　期待理性、友善的合作

鸠山　您的这番话让我感受到,日本人在过去的20年,或是30年的经济低迷中,中国经济则迅速发展起来,因此,日本人对中国产生了一种羡慕嫉妒恨的情绪。年青一代因为日本经济在他们成长过程中一直都没有增长过,所以从政治家们嘴里说出一句"中国威胁论",他们便轻易地相信了这样的言论,而且心怀怨恨。

令人叹息的是，日本政府直到现在仍然紧盯美国、看美国脸色行事，对于AIIB是这样，对华为也是这样，唯美国马首是瞻。我认为，是时候给这样的政治画上句号了，要在亚洲国家之间——特别是当下的中国、韩国，要像您所说的那样，为增进国家间的相互信任而做出努力，推动包括年轻人交流在内的交往。

金　我非常同意。当然，美国的政治家中也有不同意见，对于这届政府的一些观点，不只是日本，欧洲也有很多国家感到难以接受。但是我想，总体来讲，美国人民也是理性的民族，慢慢地，民众是能够明辨是非的。现在很多地方，包括欧洲、北美，都有一些极端趋势，这是比较危险的。前不久刚刚在新西兰发生了爆炸，紧接着就是斯里兰卡，斯里兰卡今天又发生了爆炸，这非常令人担忧。我想我们也有一个责任，就是推动各个国家之间的和平发展、基础设施互联互通，让大家能够感受到和平发展才是出路，所以我们特别强调这一点。

当然，前一段时间人们对全球化表示出一些反对。那么全球化是利大于弊，还是弊大于利？确实有一部分人没有得到应有的好处，可能就会产生反对的情绪。我想我们不是要推翻全球化，也推不翻，而是要更多关心那些低收入的弱势民众，让大家都能获益。所以，我想应该称为Development for all，让大家都能得到发展的机会。

鸠山 我非常赞同您的观点，全球化如果过度的话，就会导致极少数有钱人和大多数民众之间的贫富差距，招致社会的不满情绪，这就是特朗普当选美国总统的社会背景。但是，如果任由这样的民族主义情绪蔓延，就会使国与国之间的摩擦增多。而我主张的是走一条既不是全球主义（Globalism），也不是民族主义（Nationalism），而是地区主义（Regionalism）的路线。我一贯提倡建立"东亚共同体"。习近平主席的"一带一路"是个宏伟的倡议，他表示之所以要提出"一带一路"倡议，首要目的是"构建和平之路"。他决心把以欧亚大陆为中心的整个地区打造成和平的、不会有战争的命运共同体。所以，"一带一路"倡议和我主张的"东亚共同体"构想，目的都是把仇恨、憎恶从这个世界上清除。从这个意义上说，我对共建"一带一路"抱有很大的期待，正因为此，我对AIIB也给予高度评价。

金 习近平主席讲"一带一路"是"共商、共建、共享"，是大家一起商量、一起合作。不是说中国一家来控制，而是要大家一起合作。再说在各个国家的这些项目，中国也不可能全包，但是最后落实到共享，大家都能够得益。所以我想，东亚的合作，整个亚洲跟欧洲的合作都非常重要。

另外,大家都关心的债务可持续问题、环境问题、当地民众对这些基础设施项目有什么意见,我想这次会议[1]一定会对这些方面进行深入的讨论。我们肯定不能让这些国家做大量建设,最后债务还不回来,这样肯定不行。所以我们强调钱一定要用好,项目一定是重点项目,不能一哄而上,要循序渐进,一步一步来。这些项目建一个完成一个,马上产生效益,就不会发生债务问题。

中国 40 年来的经验就证明了这一点。我记得很清楚,当年邓小平先生访问日本时[2]乘坐了新干线,考察日本回来后,他就要搞基础设施建设。中国没有债务危机啊,因为基础设施起来了,经济就发展了。

此外,我们一定要注意环境,不能让项目造成很大的环境污染,包括温室气体的排放,我们要推动绿色经济,因为我们银行有一个"lean, clean and green"的核心价值。

我们是如何推动 green 的呢?第一,做新能源项目;第二,提高能源效率。比如说,我们把电网改造成 Smart Grid,对一些如印度、巴基斯坦、孟加拉等落后的电网进行改造,有些国家的电网损耗高达 30%,

---

[1] 指 2019 年 4 月 26—27 日在北京召开的第二届"一带一路"高峰合作国际论坛。

[2] 指的是 1978 年 10 月邓小平访日。

像中国、日本，线路损耗可能只在 5% ~ 6%，或许还要低，因为我们用的是最先进的输电设备。所以我们帮助他们把线路损耗降下来，就不需要建造电厂了，等于是建造了很多发电厂。还有，我们帮助印度做很多地铁项目，Mass Transportation System，大力发展公交、地铁，大家就可以不用自己开车了。我们做了一些这样的项目，主要是推动绿色发展。还有一点，一个项目建在什么地方，一定要征求当地民众的意见。搬迁中不能有腐败，要透明、公开。当然做到这些很不容易，但是我们始终这样坚持。

鸠山　"Lean, clean and green"——我多次听您讲过这个理念，我也非常赞同。这里也想请教您一个问题，与亚行相比，AIIB 的工作人员非常少，在这样的背景下，AIIB 是如何做到在甄选具体项目时，确保每一个项目都是正确的选择？不知这其中的诀窍何在？

金　应该说，亚行还是我们的 Big Brother，现在还是不能比的，因为亚行已有 50 年的历史，有很多的经验。我在亚行工作 5 年，学到了很多东西，积攒了不少经验。我经常讲，没有我在世界银行的 6 年——当时是在董事会、在亚洲银行的 5 年——是在管理部门，没有这 11 年，我很难想象今天来管理亚投行。

我学习亚行的经验，对我们适合的，我们就采用。但因为我们是新的银行，可能需要一些新的办法。你想，50年前成立的银行和现在成立的银行肯定不一样，现在是 Digital World，有些 Digital 我们更有效。我们这个银行，如果按照现在的资本金是 1000 亿美元。如果我没记错的话，亚行应该是 1600 多亿美元[1]。另外，亚行把普通资金源（OCR）和亚洲开发基金（ADF）合并起来，又腾出了很多资金。

当然亚行的规模很大，我们要达到亚行的规模还需要很多年。两行之间还签订了一个联合融资的合作协议。[2]

我们合作得非常好。亚投行成立时，中尾已经出任亚行行长近 6 年了。我跟他讲了两点：第一，我们不会挖你的人，只有从亚行退休的我请过来，但是你要的人，我绝对不跟你抢；第二，我们也不会去挖项目，但是如果你们希望合作，我们就一起来做。所以我们关系很好。我希望中日关系也跟我和中尾先生的关系一样好。（笑）

鸠山　您说得太对了！但很多日本人不知道这一点，我感到非常遗憾。

金　　慢慢来。这次到日本去，我也会开记者招待会，我会

---

[1] 亚行于 2009 年 5 月宣布，将资本金从目前的 550 亿美元逐步扩充至 1650 亿美元。

[2] ADB 和 AIIB 于 2019 年 3 月共同签署了主权业务联合融资框架协议。

跟大家交流，要增进理解。

鸠山　刚才听您介绍了习近平主席的倡议，这些内容让我想起我的祖父鸠山一郎曾经提出的理念，那就是"友爱"，他提倡要相互尊重、相互理解、相互扶助，我觉得这二者之间非常接近。

金　鸠山先生在中国享有崇高的威望，深受中国人民敬重。我希望日本的政要也能有鸠山先生的远见，推动中日之间的合作。我想下一步会寻求跟 JBIC、JICA 等日本企业的合作，我们将来可能也会利用日本的资本市场。不管怎样，我一直是 Optimism（乐观主义者），我也相信人基本上是理性的动物，我们需要克服自身的弱点，大家都理性地、友善地合作。谢谢您！

译后记

邱　鸣

津田量

译后记

对于中国人来说，日本似乎是个既相邻又遥远、说不清道不明、让人觉得很纠结的国家。然而历史和现实的坐标又使我们不能不关注这一曾是世界第二大经济体，至今仍在亚洲乃至世界都处于最发达水平之列的国度。从这一点而言，我们非常感谢鸠山由纪夫先生。作为政治家，他曾是日本的首相，通过他书中对日本政坛的评述，使我们看到了更多日本政治及社会体制的深层内幕，从政治、经济、外交、国防等各方面对这个国家有了更为深刻的了解。

中国人对于鸠山先生并不陌生，但印象大多停留在他曾带领日本民主党推翻自民党的长期执政，然而执政不久就因难以维持政权而请辞首相职务。另一个印象就是鸠山先生对华非常友好，经常受邀参加中国举办的各种国际会议，并在中国发起的一些国际组织中任职，为此甚至被日本国内部分右翼分子称为"卖国贼"。作为此书的译者，我本人之前对于鸠山先生的印象也大抵如此。然而，拜读了《摆脱"大日本主义"》一书后，不仅加深了对鸠山先生的看法，而且一种敬意油然而生。

通过这本书，我们看到鸠山先生是位有思想、有理念的政治家，而他的思想和理念对于日本的发展及中日关系的改善，乃至于亚洲的和平，都具有非常积极的意义。正如书名《摆脱"大日本主义"》所示，鸠山先生认为日本存在的诸多问题，症结在于"大日本主义"作祟。为了成为政治大国，日本不得不依附于美国，跟在美国后面亦步亦趋，不得不处处采取与中国对抗的政策，不得不修改和平宪法，不得不发展核电产业。

曾几何时的世界第二大经济体的位置被中国取代，日本内心极不淡定，这多少可以让人理解。然而，面对中国崛起的现实，日本究竟应该选择怎样的道路，这确实关系日本的前途命运。是坦然接受现实，摆脱"大日本主义"的束缚，放下身段以一个中等国家的姿态面向世界，走和平发展之路；还是将昔日的辉煌作为今后的目标，继续沉浸在成为亚洲老大、世界强国的梦幻中，为此不惜以中国为敌，对美国唯命是从？对于这样一个关乎日本未来和中日和平，以及亚洲前途的问题，鸠山先生以战略家的高度和政治家的视角，放眼世界局势和人类历史进程，在总结了日本战后发展的历程、客观分析了日本所处的现状后指出，任何一个国家的发展达到巅峰之后步入平稳的发展形态都是一种历史的必然，鸠山先生将其称为"从增长时代进入成熟时代"，日本亦复如是。在批判安倍经济学一味追求经济增长而导致贫富差距日益扩大、社会矛盾日益凸显的同时，也指出了日本经济发展的方向及出路，即着眼于改善国计民生、提高国民生活质量作为首要发展目标的"新经济增长战略"，其中包括环保、健康、旅游等产业。努力追求作为能够解决全球规模课题的"课题解决型国家"，为同样面临老龄化社会的中国等亚洲国家乃至世界提供经验，由此赢得世界的尊敬。

谈到日本，绕不开日美关系问题。从本书中我们可以了解到，某种程度上说鸠山内阁之倒台，也是由于美国不满于鸠山内阁的施政方针所导致的结果。美国这只幕后黑手一直在操纵日本政坛。在鸠山先生看来，当今的日本实际上就是美国的附属国。时至今日，日本的民用客机从东京的羽田机场起飞后，一定要绕道飞行，因为日本的某些空域仍然由美国人掌控。包括冲绳在内，美军在日本驻有多处军事基地，为此日本每年合计要负担超过7500亿日元的美军驻在费，这个数额相当于美国一个中等规模的州的财政收入，平均下来日本每年要为每个驻日美军支付1500万日元的补贴。更令人不可思议的是，为一般人所不知的日美联合委员会在日本的政策制定中发挥着重要作用。如鸠山先生所叙述的那样，日美同盟已经成为日本的国家体制，而这种体制的维护者就是在政权运营中起关键作用的官僚阶层。官僚所信奉的是日美同盟，而不是他们本应该尽忠职守的首相，这也是鸠山政权夭折的重要原因之一，官僚们所采取的不配合态度使他无法推进其政策和计划，无法推动各项改革措施。由此我们也可以看到日本官僚阶层潜在的能量。在书中我们还了解到，为了摆脱附属国的地位，实际上战后日本数届内阁都不同程度地做过努力，然而均以失败告终。鸠山先生提出"无长驻安保"的概念，对于日本摆脱作为美国从属国的现状，不失为一个有效的过渡办法。

总之,《摆脱"大日本主义"》虽不是鸿篇巨制,但它对日本所面临的诸多问题所做的冷静客观的分析,不得不让人敬佩鸠山先生作为政治家的胸怀和远见——而这种胸怀和远见恰恰是当今日本政坛所缺少的。正如内田树先生所评述的那样:

> 这本书既不是政治家的回忆录,也不是论争性的文章,更不是政党纲领的概说。如果一定要找到一个类比,那就是一个极其了解日本的、第三国政治学者写的关于日本政治进程的研究报告。当然,鸠山先生毕竟是书中政治事件的当事者。因此他在书中偶尔也会释放一下个人的情感,有时难以抑制对不合理现象的愤慨。但是,他自始至终都在试图尽可能冷静而中立地描述日本的政治……如果阅读数十页而隐去作者姓名,被告知说"这是英国政治学者所著论文的一部分",应该也会有人相信。能够写作这样文章的作者,在日本的政治家中能有几人?

当然,此书也有其局限性。鸠山先生毕竟是日本的政治家,他更多的还是从日本的角度出发去考虑日本的未来。如同书中所述,他所极力倡导的东亚共同体,一方面具有可以对接"一带一路"的积极的一面,另一方面又具有制衡中国的一面。又如，他对全球化持否定态度，但是细读全文，我们可以感受到，他所否定的与其说是全球化，不如说是西方跨国垄断企业打着全球化的幌子，分解割裂主权国家，从而达到统治整个世界的目的。他的呼吁某种程度上也警醒着我们，要认识到当下我们自己所面临的问题的严峻性。

值此《摆脱"大日本主义"》中译本出版之际，鸠山先生欣然作序，对此表示由衷的感谢！同时，向参与此书部分翻译工作的东洋大学朱建荣教授以及北京第二外国语学院赵傑、任阳、翟敏同学致以谢忱！

最后，还要特别感谢人民日报出版社的林薇老师，她为此书的出版付出了大量心血，想方设法克服了出版过程中的种种困难，在此向她表示由衷的谢意！

2020 年 4 月 10 日